일본 내셔널리즘 해부

"NIHON NATIONALISM NO KAIDOKU" by Nobukuni Koyasu
Copyright © 2007 Nobukuni Koyasu.
All rights reserved.
Original Japanese edition published by Hakutaku-sha, Tokyo.
This Korean edition published by arrangement with Hakutaku-sha, Tokyo.
in care of Tuttle-Mori Agency, Inc., Tokyo through Imprima Korea Agency, Seoul.

일본 내셔널리즘 해부

초판1쇄 인쇄 _ 2011년 10월 15일
초판1쇄 발행 _ 2011년 10월 25일

지은이 · 고야스 노부쿠니 | 옮긴이 · 송석원

펴낸이 · 유재건 | 주간 · 김현경
편집팀 · 박순기, 주승일, 태하, 임유진, 강혜진, 김혜미, 김재훈, 김미선, 고태경, 김효진
마케팅팀 · 정승연, 박태하, 이민정, 신지은, 한진용 | 디자인팀 · 서주성, 이민영, 지은미
영업관리팀 · 노수준, 이상원, 양수연

펴낸곳 · (주)그린비출판사 | 등록번호 · 제313-1990-32호
주소 · 서울시 마포구 동교동 201-18 달리빌딩 2층 | 전화 · 702-2717 | 팩스 · 703-0272

ISBN 978-89-7682-367-0 93100
이 도서의 국립중앙도서관 출판시도서목록(CIP)은 e-CIP 홈페이지(http://www.nl.go.kr/ecip)와
국가자료공동목록시스템(http://www.nl.go.kr/kolisnet)에서 이용하실 수 있습니다.(CIP제어번호 :
CIP2011004337)

그린비출판사 나를 바꾸는 책, 세상을 바꾸는 책
홈페이지 · www.greenbee.co.kr | 전자우편 · editor@greenbee.co.kr

일본 내셔널리즘 해부

고야스 노부쿠니(子安宣邦) 지음 ／ 송석원 옮김

ɔB
그린비

책머리에

필자는 일본 내셔널리즘을 해독하는 작업을 하면서 먼저 내셔널리즘이 무엇인지를 정의하는 것에서부터 시작할 생각은 없습니다. 내셔널리즘이라는 말은 물론 네이션nation이나 네이션 스테이트nation state라는 말과 뗄 수 없습니다. 그리고 이들은 모두 근대 유럽에서 성립한 개념입니다. 이들 개념을 일본어로 정의하는 것은 유럽에서의 이들 개념의 성립 과정을 쫓으면서 일본어(한자어)에서 유사어를 찾거나 신조어를 만들면서 번역하여 재구성하는 작업이 될 수밖에 없습니다.

한 예로, 1934년에 간행된 『국민정치사전』[1]에서는 '내셔널리즘' 항목을 이렇게 설명하고 있습니다. "'국민주의'로 번역한다. 국제주의인 인터내셔널리즘과 서로 대립하는 국가주의 사상을 말한다. 국민주의는 민족의식을 기조로 한 민족주의이며, 그것은 자기 민족의 보존과 발전을 희구하는 배외주의 사상이기도 하다. 그것은 또한 침략주의를 시인하는

---

1) 『国民政治辭典』, 今中次麿 監修, 非凡閣, 1934.

애국주의가 되기도 한다." 이것은 내셔널리즘에 대한 간결하고도 이데올로기로서의 성격이나 전개의 양태까지도 포괄한 좋은 정의라고 말할 수 있습니다. 그러나 이 포괄적인 정의는 내셔널리즘에 대한 모든 번역어를 사용한 정의입니다. 즉 내셔널리즘이란 국민주의이며, 국가주의이고, 민족주의이며, 또한 애국주의이기도 한 것입니다.

또한 정치학자 오카모토 세이이치는 내셔널리즘을 이렇게 정의하고 있습니다. "우리가 오늘날 직관적으로 사용하고 있는 내셔널리즘은 민족주의와 국가주의라는 본래 구별되어야만 하는 두 개의 개념이 중복된 것으로서, 적어도 16세기 이후의 서구에서 형성된 민족국가의 입장, 혹은 하나의 국가로까지 조직되고자 하는 민족의 심정적인 역사적 요청에 따라 성립한 근대 사고 범주에 드는 사상이라고 이해된다."[2] 내셔널리즘이란 근대의 민족국가를 전제로 한 민족주의가 동시에 국가주의인 것과 같은, "하나의 국가로까지 조직되고자 하는 민족의 심정적인 역사적 요청에 따라" 성립하는 근대적인 사고 범주에 속하는 개념이라고 오카모토는 말하고 있는 것입니다.

이러한 내셔널리즘 정의는 국가와 일체화하고자 하거나 국가에 대한 강한 심정적 통합을 가져오는 집단적 계기로서의 '민족'이라는 개념과 그것의 성립을 전제로 합니다. 오카모토는 이 '민족'에 대해서 "민족이라는 개념은 극단적인 성격을 갖는 개념이다. 그것은 민족이 하나의 소우주로서, 국한적으로 자기를 타자로부터 준별하여 존재하거나 존재

---

2) 岡本清一, 『ナショナリズムの論理』, ミネルヴァ書房, 1966.

하려 하는 강한 충동을 갖기 때문이다"라고도 말하고 있습니다. 이러한 '민족' 개념, 혹은 국가의 통합적 이데올로기로서의 민족주의는 역사적으로도 내셔널리즘을 구성해 온 가장 중요한 계기입니다.

그런데 이 '민족' 개념은 단지 에스닉ethnic한 계기에 의해서가 아니라 강한 결합력을 가진 역사심리적 계기에 의해서도 규정됩니다. 역사심리적 계기에는 언어나 종교, 문화의 동일성이 있을 것이고, 또한 신화나 역사적 기억의 집단적 공유도 있을 것입니다. 이러한 계기에 의한 강한 배타적 집합성을 가진 '민족' 개념은 결코 오래전에 형성된 것이 아닙니다. 오히려 이것은 근대국가를 새롭게 표현하기 위해 만들어 낸 개념이라 할 수 있습니다.

일본에서 대부분의 근대적 개념은 유럽의 뒤를 따르며, 그 번역적인 전이로서 성립합니다. '민족' 개념도 예외가 아닙니다. 일본에서의 '민족' 개념 성립에 대해서는 본문 「해독 6」에서 상세하게 논할 것입니다. 여기서는 그것을 선취하는 형태로 약간만 지적해 두려 합니다. '민족'이라는 말이 국어사전[일본어사전]에 등장하게 된 것은 상당히 뒤늦은 일입니다. 최초의 체계적인 국어사전인 『겐카이』言海(大槻文彦, 1889~91년 간행)에는 '국민'이란 말은 있어도 '민족'이란 말은 없습니다. 그러나 그것을 대폭 증보한 『다이겐카이』大言海(1932~37년 간행)에는 '민족'이란 말이 실려 있을 뿐만 아니라 그에 대한 주도면밀한 설명까지 붙어 있습니다. 즉 "인민의 종족. 국가를 구성하는 인민의 언어, 민속, 정신감정, 역사관계 등의 공통에 기초한 단결. 다른 인종이 합해서 이루는 것도 있고, 하나의 인종 중에서 분립하는 것도 있다"와 같습니다. 이것은 명백히 근대국가를 구성하는 것으로서의 '민족' 개념이 정치상으로나 학술상으로 확실히 이 시기 일본에서 성립했다는 것을 의미합니다. 오카모토가 국가주의와 민족주의의 이중성으로 규정한 그 '내셔널리즘'도 일본에서 쇼와昭和 초기에 성립했다는 것이기도 합니다.

『중앙공론』中央公論 1942년 12월호는 '대동아전쟁 1주년 기념'이라는 명목의 '근대의 종언, 역사에의 귀환'이라는 특집호였습니다. 이 특집호에 오카모토 세이이치는 「일본정신사의 과제」라는 논문을 게재하였으며, 그가 국가주의·민족주의라는 이중성으로 규정한 내셔널리즘이 바로 쇼와 초기에 성립한 것이라는 점을 증명하고 있습니다. 그는 제1차 세계대전 이후 다이쇼大正에서 쇼와로의 시대사조 변화를 이렇게 개관하고 있습니다. "개인주의와 국제주의가 왕성할수록 다른 한편으로 민족주의적 국가주의의 성장을 촉진해 마지않는다. 또한 사람들이 서구에 마음을 빼앗기는 것이 심할수록 다른 한편으로 아시아의 운명에 대한 자각이 싹튼다. 그리고 대전 이후 특히 현저해진 사회주의의 발전에 대응하기 위해서이기도 했지만, 국가주의 역시 일종의 변혁적인 성격을 갖추게 됨과 동시에 일본 국가주의의 아시아주의적 성격은 이때 이미 정비되고 있었다." 이렇게 개괄한 뒤 오카모토는 "그리하여 민족주의적 국가주의, 전체적으로 일본정신에 입각한 이른바 근대적 우익이 형성되어 갔다"고 말합니다.

오카모토는 일본의 민족주의적 국가주의, 곧 '일본 내셔널리즘'이 성립하는 것은 다이쇼를 지나 쇼와 초기에서라고 말하고 있습니다. 바야흐로 이 시기에 『다이겐카이』에서 보이는 바와 같은 정치精緻한 '민족' 개념도 성립하고, '일본민족' 개념도 일본정신사나 일본사상사 등의 학술적 담론과 함께 성립합니다.

내셔널리즘의 정의에 관해 서술한 이 글은 이미 '일본 내셔널리즘'의 해독을 시작하고 있습니다. 이 이상의 해독 작업은 본론으로 넘기고, 여기서는 내셔널리즘의 정의 문제를 일단 분명히 구분해 두기로 하지요. 최근 정치학 텍스트를 보면 내셔널리즘을 비실체적, 기능적으로 정의하려 하고 있습니다. 예컨대 "여기서는 내셔널리즘을 주권국가의 영역과 네이션의 범위를 서로 겹치게 하려는 자각된 사상과 운동이라고 해두자"[3)와 같은 것입니다. 이것도 내셔널리즘의 정의입니다만, 이것은 그 개념의 번역적인 재구성으로서의 정의가 아닙니다. 국가가 '네이션'을 갖고 배타적인 통합성을 획득하고자 하는 국가적인 운동과 이데올로기가 내셔널리즘이라고 말하고 있습니다. 여기서 국가에 배타적인 통합성을 부여하는 것이 '네이션'입니다만, 그것에 '민족'이나 '국민'과 같은 번역어를 굳이 할당하고 있지는 않습니다. 무엇인가 에스닉한 종족적 동일성을 갖고 '네이션'을 이루는가, 언어의 동일성이나 종교의 동일성에 의해 '네이션'을 이루는가, 혹은 역사적 기억이나 문명적 이념의 공유에 의해 '네이션'을 구성하는가. 위의 정치학적 정의에서의 '네이션'은 그 어떤 집단 개념에도 적용 가능한 것으로, 실질적인 규정을 보류하고 있습니다. 저는 내셔널리즘의 정의가 이것으로 충분하다고 생각하고 있습니다. 제가 앞에서 오카모토를 따라 쇼와 초기에 성립했다고 한 것은 '네이

---

3) 久米郁男·川出良枝·古城佳子·田中愛治·真渕勝, 『政治学』, 有斐閣, 2003.

션'으로서의 '일본민족' 개념을 구성하면서 제국 일본의 국가적 통합을 강력히 추진한 '일본 내셔널리즘'입니다.

근대의 국가는 내셔널리즘을 생성하면서 존립합니다. 혹은 근대국가의 지속적 존립은 '네이션' 개념을 부단히 재구성하고 재확인하거나 혹은 재생시켜 가는 지속적인 운동이라 할 수 있습니다. 내셔널리즘이란 이 '네이션' 개념의 재구성이나 재확인에 의해 강고한 국가의 배타적 통합을 가져오려는 운동이고 사상이며 담론입니다. 그리고 내셔널리즘은 그것이 이념적으로 체현하거나 목적으로서 실현해 가는 국가를, 인민의 헌신성이 최종적으로 집약되고 최고의 가치 있는 조직적 통합체로 간주합니다. 이 책 「해독 7」과 「해독 8」의 주제인 와쓰지 데쓰로는 "국가는 인류적 조직의 인류적 조직이다"[4]라고 말하고 있습니다. 즉 사람이 그 때문에 죽을 수 있는 최고의 인류적 조직이 바로 국가라는 것입니다. '국가를 위해서 죽는 것'이란 내셔널리즘의 극단적 테제입니다. 후진적 국가의 내셔널리즘도, 선진적 국가의 내셔널리즘도 그 점에서는 다름이 없습니다. 일본의 옛 천황제국가 내셔널리즘에서도, 민주적 국가를 자칭하는 미국의 내셔널리즘에서도 '국가를 위해서 죽는 것'을 극단적인 테제로 삼는다는 점에서 다름이 없습니다.

'국가를 위해서 죽는 것'이 내셔널리즘의 대내적인 극단적 테제라 한다면, '국가를 위해서 죽이는 것'은 배타적 내셔널리즘의 극단적 테제입니다. '국가를 위해서 죽는 것'의 다른 한 측면은 '국가를 위해서 죽이

---

4) 和辻哲郎, 『倫理学』, 岩波書店, 1937~49.

는 것'입니다. 이 두 가지 테제는 표리를 이루는 것입니다. 내셔널리즘이 극단적으로는 이 두 테제로 이루어진 것이라는 점을 우리는 지금 냉정하게 직시해야 합니다. 제가 하는 '해독' 작업은 내셔널리즘에 대한 그러한 시각을 얻기 위한 것입니다.

일본에 대해 말하자면 여기가 다름 아닌 고국 일본이고, 자신이 일본인이며 일본민족의 성원이고, 일본어를 네이티브 언어로 공유하는 사람들 중 하나이고, 일본국가의 국민이라는 점을 부단히 재확인해 가는 운동이나 담론이 일본 내셔널리즘입니다. 일본인이 되는 것은 이러한 근대적 담론체계 안에서 태어나 그 시스템을 각자 내면화하는 것에 의해서입니다. 사람들은 '**일본**'이라는 **담론**으로 이루어진 모태(매트릭스)에서 태어나 자람으로써 마치 '일본'을 혈맥으로 삼고 있는 듯한 일본인이 되는 것입니다. 1945년에 이르기까지 황국 일본은 보기 좋게 그러한 일본인을 생성해 왔습니다. 근대국가 일본의 성공이란 '일본민족' 창출의 성공이었다고 할 수 있습니다.

그렇지만 역사상 근대국가 일본의 성공이란 조선·대만을 자신의 판도에 포함한 제국 일본의 성립입니다. 후진 아시아 제 민족보다 우월한 '일본민족' 개념은 그 성립과 함께 그 중심에 천황신화에서 유래하는 '야마토大和민족'(천손민족)이라는 한층 더 우월한 개념을 구성합니다. 이 배타적이고 우월적인 '민족' 개념에 이끌린 제국 일본과 아시아·태평양 전쟁으로 귀결된 일본의 대륙정책은 불가분한 것이었습니다. 일본 내셔널리즘이 극단적으로 창궐한 때는 바로 쇼와의 15년 전쟁 시기였습니다.

필자의 '일본 내셔널리즘 해독' 작업은 여기서 기술한 것처럼 **국가와**

전쟁의 20세기의 제국 일본을 이끌고 뒷받침하고 만들어 온 담론을 철저하게 비판적으로 독해하려는 것입니다. 필자에게 이것은 역사인식의 작업입니다. 역사인식이란 우리의 장래가 과거의 연속이 되지 않게 하기 위해 빼놓을 수 없는 인식 작업입니다.

　　필자에게 이러한 인식 작업의 기회를 부여해 준 것은 '어소시에21'ア ソシエ21의 학술사상 강좌였습니다. 강좌의 담당을 의뢰받은 필자는 '일본 내셔널리즘 해독'을 제목으로 하여 2005년 11월부터 2006년 10월까지 2기 10회에 걸친 연속강좌를 맡았습니다. 제1기의 모토오리 노리나가本居宣長에서 후쿠자와 유키치福澤諭吉에 이르는 문제는 이미 제가 쓰기도 하고 논하기도 해왔던 것이어서 거의 부담을 느끼지 않고 강의할 수 있었습니다. 그렇지만 제2기의 쇼와 내셔널리즘을 둘러싼 문제는 제가 온전히 처음 직면하는 문제이기도 해서 강의 준비에 많은 시간을 들이게 되었습니다. 그것은 그야말로 쇼와에 대한 역사인식 작업이었습니다. 이 고된 과제를 필자는 오히려 기쁘게 받아들였습니다. 필자의 이 작업을 시종일관 뒷받침해 준 것은 스이도바시水道橋에 위치한 어소시에21강당의 좁은 강연장을 매회 가득 메워 준 청강자 여러분의 열의였습니다. 이 책은 이 10회의 강의로 이루어진 것입니다.

2006년 11월 7일

고야스 노부쿠니

차 례

| 일러두기 |

1 이 책은 고야스 노부쿠니(子安宣邦)의 『日本ナショナリズムの解読』(白澤社, 2007)를 완역한
   것이다.

2 이 책의 주석은 모두 각주로 되어 있으며, 지은이 주와 옮긴이 주로 구분되어 있다. 옮긴이
   주의 경우 내용 끝에 '─옮긴이'라고 표기했다.

3 본문에 옮긴이가 첨가한 말은 대괄호([ ])를 사용해 구분하였다.

4 외국 인명이나 지명, 작품명은 2002년에 〈국립국어원〉에서 펴낸 '외래어 표기법'에 따라 표
   기했다.

5 신문·잡지 등의 정기간행물, 단행본, 전집 등에는 겹낫표(『 』)를, 기사, 논문, 단편 등에는 낫
   표(「 」)를 사용했다.

일본 내셔널리즘 해부

오로지 억지로 황국을 경멸하는 것을 눈이 높은 것이라고 이해하는 것은 오히려 눈도 마음도 비천하고 한 나라 서적에 빠져 미혹되었기 때문이다. 지금 한층 더 눈을 높여서 보라. 그 그릇됨을 깨달아야 한다. 우리나라 고학의 눈을 가지고 외국은 천축, 한나라, 삼한, 그 밖의 나라 모두 스쿠나히코나카미가 무슨 일이든 시작하신 것임을 알게 된다.

국체란 무엇을 가리키는가. 세간의 논의는 잠시 접어 두고 먼저 우리가 아는 바를 가지고 이를 설명하려 한다. 체는 합체의 뜻이다. 또한 체제의 뜻이다. 사물이 모여 하나로 완결되어 다른 사물과 구별되는 형태를 말한다. 따라서 국체는 한 종족의 인민이 서로 모여 격정과 기쁨을 함께 나누어… 재난과 복을 모두 스스로 담당하여 독립하는 자를 말한다. 서양말로 내셔널리티란 바로 이것이다.

일본의 고유성과 타자의 흔적
— 모토오리 노리나가에 있어서의 광기와 정기

"미쿠니고토바皇國言[황국 말]는 신대神代가 시작될 때부터 있었던 자연스런 황국 말로서 복됨과 기묘함은 다른 여러 가라고토바戎狄言[오랑캐 말]들과 함께 논할 수 없다."—모토오리 노리나가,『겐쿄진』錧狂人

1. '한'韓의 흔적

일본이 원래 일본이라고 하는, 자기의 기원적 고유성을 말하는 담론은 어떻게 성립하는가? 이 고유성 주장은 동시에 일본인, 일본어, 일본문화 등등의 배타적 동일성의 주장으로서 일본 내셔널리즘을 구성하는 중심 담론을 이루어 간다. 모토오리 노리나가本居宣長, 1730~1801의 논쟁적 문장을 통해 일본의 고유성을 말하는 담론이 그에게 있어서 어떻게 성립하는지 밝혀 보자.

필자가 사는 가와사키川崎시 북부 노보리토登戶의 다마가와多摩川를 끼고 있는 대안對岸은 도쿄의 고마에狛江시이다. 학창 시절에 필자는 자주

다마가와 다리를 건너 아직 농촌 모습이 남아 있던 고마에로 친구를 찾아가곤 했다. 당시에 무사시노쿠니武蔵国 다마군 고마에향을 전신으로 하는 '고마에'라는 시의 이름과 '고마'高麗와의 관계에 대해 들을 수 있었다. 고마에란 고마비토高麗人가 거주하는 휘어 굽어진 물가[入江]라는 뜻이라고 말이다. 1951년에 고마에 가메즈카龜塚고분에 대한 발굴 조사가 이루어졌는데, 부장품 등을 볼 때 고구려계 고분과의 유사성이 지적되었다. 그렇지만 연구자들은 이들 지명이나 유적에 의해 이 지역에서의 고구려계 도래인의 거주가 곧바로 추정되는 것은 아니라고 말한다. 그 주변의 고분 조사는 더 오래된 시대의 거주자 흔적을 찾아내고 있다. 그러나 고고학이나 역사학이 5세기 전의 고마에 유적을 통해 무엇을 읽을 것인가 하는 문제와는 별개로, 지명이나 유적에서 '한'韓(가라)의 흔적을 인정할 수는 있을 것이다. 예컨대 지금 필자와 관계가 깊은 고마에에서 찾은 이러한 '한'韓의 흔적을 우리는 일본의 역사나 지리 곳곳에서 찾을 수 있다.

그런데 흔적이란 무엇일까? 그것은 지나가 버려 이제는 모습을 볼 수 없는 것의 자취이다. 혹은 어떤 물건이 만들어지면서 그 만들어진 것에서는 이미 찾을 수 없는 것의 자취이다. 만들어진 물건을 눈앞에 두고도 사람들은 더 이상 흔적조차 인정하지 않으려 할지도 모른다. 사람들은 '나라'奈良에서 야마토大和의 옛 도읍[故都]을 인정해도, 그 지명에서 한국어 '나라'那羅를 읽으려고 하지는 않는다. '한'韓이란 그러한 흔적인 것이다. 지나간 것, 지나간 일의 기록이라 하면, 그것은 역사서이다. 그렇지만 사람이 기록하는 역사서란 이미 다시 구성된 기록이다. 그것은 결코 지나간 모든 것을 있는 그대로 기록한 것이 아니다. 나라의 역사를 쓴다는 것은 자신들이 어떠한 기원을 갖고 어떻게 해서 나라를 이루기에 이르렀는지에 대해 선택된 전승 자료에 의한 재차의 기록이라고 해야 할 것이다. 그때 선택된 재기록으로서의 역사서에 흔적만을 남긴 채 지워져 버린 것이 있다. 그것은 '일본'(야마토) 역사에서의 '한'韓이다. '한'은 '일본' 역사에 남아 있으나 지워져 버린 타자他者의 흔적이다.

'한'韓이란 '가라'이다. 그리고 '한'漢, '당'唐 또한 '가라'이다. '가라'는 '야마토'의 타자이다. 그러나 '한'漢은 '야마토'의 형성에 불가피한 타자로서 그 존재를 계속 기록해 가고 있는 데 반해, '한'韓은 흔적만 남긴 채 지워져 갔다. 여기서 필자가 문제로 삼는 것은 '일본'(야마토)의 성립과 함께 지워져 간 '한'韓이다.

2. '일본'의 성립

『고지키』古事記, 『니혼쇼키』日本書紀는 일본의 가장 오래된 기록이다. 중국의 역사서를 모방한 『니혼쇼키』는 일본에서 가장 오래된 역사서라고 확언할 수 있다. 이것은 '일본'의 정사正史이다. 『고지키』 역시 기원신화를 포함한 조정 설화집의 성격을 띤 역사서이다. 이를 역사서라 하는 것은 무엇에 기원을 두고 어떻게 나라를 이루었는지에 대한 기원설화를 가진 이야기이기 때문이다. 이 두 역사서는 덴무 천황[1]의 칙명에 따라 편찬되었다. 덴무 천황은 만요萬葉에서 "대왕은 신이시니"라고 노래되듯이 '신'으로 추앙받은 최초의 천황이었다. 덴무는 또한 '천황'이란 호칭으로 불린 최초의 천황이었다. 천황이란 일본을 중심으로 한 천하를 지배하는 궁극적인 권위자의 칭호로, 태양의 후계[天つ日嗣]로서의 신성한 왕을 의미했다. 일본은 이 덴무에 의해 본격적인 국가 건설로 나아간다.

그런데 7세기 후기에 일본의 국가 건설 방향을 결정지은 것은 663년 백촌강白村江에서 벌어진 나당羅唐연합군에 대항한 전투에서의 패배였다. 일본 군대는 다수의 백제 망명자와 함께 패퇴하였다. 이때부터 일본은 한반도와의 사이에 경계를 설정하고 방비체제를 구축함과 동시에 국가의 체제 정비를 서두르게 된다. 672년 임신의 난2)에서 승리하여 덴무가 즉위하고, 아스카기요미하라노미야3)로 천도하여 국가 건설을 본격화한다. 덴무는 기요미하라령4)의 편찬을 명함과 동시에 '제기'帝紀와 '상고上古의 제사諸事'(규지舊辭)를 기록한 역사편찬 작업의 개시를 지시한다. 이 칙령에 따라 마침내 『고지키』(712)와 『니혼쇼키』(720)가 완성된다. 이를 통해 "대왕의 권위와 수장들에 대한 지배는 신들의 시대 때부터 약속된 것이라는 신화, 이를 실현하기 위해 싸운 대왕 선조들의 이야기가 비로소 여기서 최종적인 형태를 갖추게 되었다"5)고 아미노 요시히코網野善彦는 말하고 있다. 또한 덴무 사후인 689년에는 즉위 전의 지토持統 천황에 의해 기요미하라령이 시행되었다. 기요미하라령에서 처음으로 '왜'倭를 대신하는 국호 '일본'日本이, '대왕'大王을 대신하는 칭호 '천황'天皇이 정해졌다. '일본국'이 비로소 제도적으로 성립한 것이다.

---

1) 덴무 천황(天武天皇, 631~686). 673년 제40대 천황으로 즉위.―옮긴이
2) 임신(壬申)의 난. 덴치(天智) 천황의 태자 오토모노미코(大友皇子)를 상대로 태제(太弟)인 오아마노미코(大海人皇子)가 일으킨 일본 고대 최대의 반란이다. 반란자인 오아마노미코가 승리하여 황위에 즉위했는데, 그가 곧 덴무 천황이다.―옮긴이
3) 아스카기요미하라노미야(飛鳥浄御原宮). 현재의 나라현(奈良県) 아스카촌(明日香村) 일대.―옮긴이
4) 기요미하라령(浄御原令). 율령(律令) 가운데 영(令)만이 제정되어 시행된 것으로 일본 역사상 최초의 체계적인 율령법으로 간주되고 있다.―옮긴이
5) 網野善彦, 『日本社会の歴史』上, 岩波新書, 1997.

'일본'의 성립을 이와 같이 본다면 『고지키』, 『니혼쇼키』는 이 '일본' 성립의 사후적 재기록·재편찬이라 할 수 있을 것이다. '일본'과 그 지배자인 '천황'이 어떠한 기원에서 어떻게 이루어졌는지에 대한 이야기를 전승 자료에 의해 재구성하고 있다. 그런데 '일본'과 '천황'이 역사상 성립하는 것은 백촌강 패전으로 일본이 한반도에서 손을 떼고 조선과의 사이에 정치적·군사적 경계선을 획정함에 의해서였다. '일본'의 성립사는 '한'韓으로부터의 이탈사이기도 한 것이다. 그리고 '일본'의 기원부터의 성립을 기술하는 기기記紀[『고지키』와 『니혼쇼키』]는 이 이탈 과정을 '한'韓의 흔적으로 남길 것이다. '한'韓은 그 흔적을 남기지만, '일본'의 일국적一國的 역사에서 그 모습은 보이지 않게 된다.

3. 신라에 강림한 신

기기記紀 등의 옛 기록에는 그야말로 이루 다 셀 수 없는 '한'韓의 흔적이 있다. 메이지시대에 실증주의적 학문방법을 자각한 역사학과 지지학地誌學, 언어학 등이 고대 일본과 한국의 관계를 둘러싸고 다양하게 추정하고 학설을 세운 것도[6] 주로 이 '한'韓의 흔적을 대량으로 남긴 고대 문헌자료를 주된 전제로 한 것이었다.

---

6) 일찍이 요시다 도고(吉田東伍)는 『일한고사단』(日韓古史斷, 冨山房, 1893)을 저술하였다. 시라토리 구라키치(白鳥庫吉)의 「삼한정복」(三韓征服)이란 미발표 원고가 완성된 것은 1897년경으로 여겨지고 있다. 이 무렵부터 시라토리는 일본의 고어와 한국어의 비교연구를 시작하고 있었다. 가나자와 쇼자부로(金澤庄三郎)의 『일조동조론』(日朝同祖論)이 간행된 것은 다소 늦은 1929년(刀江書院)인데, 그가 한국어 연구를 결심한 것은 1893년이라고 같은 책의 '서문'에서 말하고 있다.

일본신화에서 '한'韓의 흔적을 띤 대표적인 신은 스사노오이다. 스사노오는 태양[日]의 신인 아마테라스와 천상세계에서 대결하다가 쫓겨나 아시하라노나카쓰쿠니[7]인 이즈모出雲에 강림하여 영웅신으로 행동하다가 마침내 '네노가타스쿠니'[8]의 주인이 된다. 노리나가는 이 '네노쿠니'根の国를 '요미노쿠니'黃泉の国로 해석하고 있다. 바로 신들의 세계에서 가장 이단성을 지닌 신이다. 『니혼쇼키』의 일서一書는 이 스사노오가 다카마노하라에서 추방된 뒤 먼저 신라에 강림했다고 기술하고 있다.

스사노오노미코토素戔嗚尊의 소행이 무례하여 여러 신들이 지쿠라노오키토千座置戶를 부과하여 마침내 쫓아냈다. 이때 스사노오노미코토는 아들 이소타케루노카미五十猛神를 이끌고 신라국에 강림하여 소시모리曾尸茂梨에 거하였다.[9]

다른 일서一書에는 "스사노오노미코토가 말씀하시길 한반도[韓郷の島]에는 금은이 있고, 만약 내 아들이 통치할 나라에 우키다카라浮寶가 없다면 좋지 않을 것이라 하시고, 운운"이라고 되어 있다. 앞의 일서에 의하면 신라에 내려온 스사노오가 "이 땅은 내가 거하고 싶지 않은 곳"이라고 말하고는 치토埴土로 배를 만든 뒤 이것을 타고 동쪽으로 건너가 이즈

---

7) 아시하라노나카쓰쿠니(葦原の中国). 일본신화에서 신들이 사는 천상세계인 다카마노하라(高天原)와 사자(死者)가 사는 지중(地中) 세계인 요미(黃泉) 사이에 있는 것으로 인간이 사는 지상세계, 곧 일본 국토를 가리키는 것으로 여겨진다.―옮긴이

8) 네노가타스쿠니(根の堅洲国). 일본신화에 등장하는 이계(異界).―옮긴이

9) 黑板勝美 校訂, 『日本書紀』(岩波文庫, 1928~32, 구판)의 훈독을 따름.

모의 히노카와^{巖の川} 상류에 있는 도리카미노타케^{鳥上の峯}에 이르렀다고 되어 있다. 이것은 기묘한 기술이다. 아시하라노나카쓰쿠니인 이즈모에 강림할 스사노오에게 왜 신라를 경유케 하는 것일까? 이 우회로를 거치는 스사노오에 대해 『니혼쇼키』 자체에는 아무런 설명도 없다. 이 기묘한 신라라는 우회로야말로 이 기술을 남긴 채 지워져 버린 무언가의 흔적일 것이다. '한'^韓의 흔적은 이와 같은 것이다. 기술에 있어서 의미가 불분명한 우회로밖에 없는 흔적은 이 텍스트의 독해자에게 다양한 상상을 재촉한다. 위의 일서 속의 '소시모리'^{曾尸茂梨}에 대해 현대의 교주자^{校注者}들은 이를 한국어로 보고 '금이 있는 부락'이란 뜻으로 해석하고 있다.[10] 이렇게 보면 이 일서의 기술과 다른 일서의 "한반도에는 금은이 있고"가 대응하고 있음이 명확해진다. 그러나 이러한 주해로 기술에서 지워져 버린 무언가가 밝혀지지는 않는다. 단지 '한'^韓의 흔적이 있다는 점은 한층 분명해진다.

기기에는 스사노오를 비롯해 '한'의 흔적을 남기는 신이나 사람, 물건, 장소, 말^[言] 등이 수없이 많다. 그러한 흔적을 남기면서 기기는 '일본'(야마토), 곧 천황의 조정으로 통일된 국가 성립의 역사 이야기를 형성해 간다. 그렇다면 기기의 텍스트에서 발견되는 이들 흔적에서 우리는 무엇을 읽어 내야만 하는가. 혹은 우리는 왜 여기에 이러한 흔적이 있는지 의심하지 않고, 편찬을 명한 덴무 천황의 의도에 따라 단지 '일본'의 숭고한 기원에서 발원한 위대한 이야기만을 읽기만 하면 되는 것인가.

---

10) 『日本書紀』(坂本太郎・家永三郎・井上光貞・大野晋 校註, 岩波文庫, 1994~95, 신판) 제1권의 어주(語注)를 따름.

에도江戸시대에도, 근대에도 '한'의 흔적을 무시할 수 없었던 학자들이 있었다. 그들은 이들 흔적으로 기기가 전하려 한 것과는 다른 또 하나의 상고上古의 자취, 기원의 실상을 생각하였다. 그 에도의 학자는 후지이 데이칸(도 데이칸藤貞幹)[11]이다.

4. 『쇼코하쓰』라는 저술

후지이 데이칸의 일본 상고사회에 대한 고증학적 저술인 『쇼코하쓰』衝口發(1781년 원고 완성)에 대해 모토오리 노리나가는 『겐쿄진』鉗狂人(1785년 원고 완성)이라는 저술을 통해 논박하였다. 그리고 이에 대해 우에다 아키나리上田秋成, 1734~1809가 논박하자 다시 노리나가가 반론하였는데, 『가가이카』呵刈葭에서 볼 수 있는 이 논쟁의 과정은 국학사國學史에서 유명한 사실이다. '갈대 베는 난바인難波人이 우에다 아키나리를 꾸짖는다'는 의미의 노리나가의 논쟁서 『가가이카』는 상하 2편으로 이루어져 있는데, 상편은 상대上代 국어의 음운을 둘러싼 노리나가·아키나리의 논쟁이며, 하편은 이른바 '태양신'[日の神] 논쟁이라 불리는 것이다. 1787년 노리나가의 손에 의해 정리되었다. 하편에는 '겐쿄진우에다아키나리효도벤'鉗狂人上田秋成評同弁이라는 내제內題가 붙어 하편의 논쟁 유래를 나타내고 있다.

---

11) 후지이 데이칸(藤井貞幹, 1732~1797)은 국학자로 구분되고 있지만(『日本古典文学大辞典』), 고토 시잔(後藤芝山), 시바노 리쓰잔(柴野栗山)에게서 배운 데이칸은 국학자라기보다는 오히려 한학적 교양을 가진 일본 고대문화 고증가로 보아야 할 것이다. 한학적 교양을 지닌 고증학 연구가 국학자들에게도 공통되는 것이라 하면 그래도 좋다. 저서에 『쇼코하쓰』(衝口發) 외에 『호고소록』(好古小錄), 『호고일록』(好古日錄), 『칠종도고』(七種圖考)가 있다.

그런데 아키나리가 반박한 노리나가의 저술 『겐쿄진』은 미치광이[狂
人]에게 칼[鉗]을 씌운다는 지극히 광적fanatic인 제목을 가진 논박서이다.
"어디 사는 누구인지 모르겠지만 최근에 『쇼코하쓰』라는 책을 펴내서는,
함부로 오미쿠니大御国[일본]의 옛날을 능멸하여 말하기조차 황송한 황통
조차 거리낌 없이 있지도 않은 내용을 논하고 있지만, 오로지 미치광이
의 말이라. 따라서 지금 이를 설명하여 이름 지은 것이 이와 같다"[12]라고
노리나가는 이 제목의 유래를 「서」에 기록하고 있다. 그렇다면 노리나가
가 '미치광이의 말'이라고 여긴 『쇼코하쓰』란 어떠한 책인가. 그것은 이
미 말한 바와 같이, 일본 상대上代에 대한 비교사적 관점에서 이루어진,
도 데이칸의 고증학적 저작이다. 노리나가는 왜 그것을 '미치광이의 말'
로 여긴 것일까?

도 데이칸은 일본의 신대神代를 포함한 상대사를 중국 및 한국 고대
사와의 비교사적·비교문화사적 관점에서 고증학적으로 검토한다. 노리
나가 등이 고유의 기원을 주장하기까지 일본에서는 일반적으로 고대 일
본의 제도·의례·신사의 제사에서 문자언어·의복습속에 이르는 문화가
기본적으로 한반도를 경유하여 전해진 중국문화, 즉 '한'韓을 경유한 '한'
漢 문화에 의존하고 있다고 보는 것이 오히려 지배적인 견해였을 것이다.
도 데이칸 역시 이러한 입장에서 황통·언어·성씨·국호부터 의복·상제
喪祭·제사 등까지 15개의 항목에 걸쳐 일본 고유설을 의심하며 '한'漢—
'한'韓 문화에 의해 일본 고대사회가 크게 규정되고 있다는 점을 말하려
고 한다. 그 몇 가지를 들어 보자.

---

12) 『鉗狂人』, 『本居宣長全集』 第八卷, 筑摩書房, 1972.

"진한辰韓은 진秦의 망인亡人으로 스사노오노미코토는 진한의 주인이다."

"신무제神武帝 원년 신유辛酉는 후한의 선제宣帝 신작神爵 2년의 신유로 …… 이와 같이 600년을 줄이지 않으면 3국의 연기年紀는 맞출 수 없다."

"우리나라의 언어, 음훈 모두 다른 나라에서 옮겨 온 것이다. 우리나라의 훈[和訓]에는 다양한 설이 있지만 십중팔구 상고의 한국의 음[韓音]과 한국의 말[韓語], 혹은 서토西土의 음이 변한 것이다."

"문자의 많고 적음에 관계없이 노래는 한국[韓]의 고속古俗인 것이 분명하다."

"상고에는 사당[祠]을 세우지 않았고 제사는 묘소의 관 앞에서 지냈다. 그렇기 때문에 이자나기노미코토[伊奘冊尊]의 능 앞에서 깃발[幡]과 가무歌舞로써 제사하고, 아마테라스오미카미天照大神…… 또한 진한에서 전해진 무巫로서 신을 제사하는 고속古俗이다."

"일본기를 읽기 위해서는 먼저 이 나라의 일이 마한과 진한으로부터 열리고, 다른 한편으로는 변한의 일도 혼합되었다고 생각하고 이를 잊지 않고 읽어야만 한다. 그래야 비로소 이해할 수 있다."[13]

노리나가의 격한 논박을 불러일으킨 것은 이러한 『쇼코하쓰』의 주장이다. 그러나 이 주장의 어떤 부분이 노리나가를 분노케 하여 상대를 '미치광이'라고 규정할 정도의 논란을 초래했을까. 상대의 주장을 미치광이의 말이라고 규정하는 것은 비판의 수준을 넘어선 비난이다. 그것은

---

13) 『衝口發』, 필자 소유의 판본에 의거함. 또한 『日本思想鬪爭史料』第4卷(名著刊行會, 1970)에도 수록되어 있다.

궁극적인 비난의 발언이라고 할 수 있다. 그의 말의 광기狂氣에 대한 자기 말의 정기正氣[본정신, 진심], 즉 자기 주장의 절대적 정당성을 격렬하게 옹호하려는 것이다.

노리나가가 광기로 여긴 것은 『쇼코하쓰』에서 일본의 국가적·문화적 기원의 고유성을 의심하고, 그것을 위태롭게 하는 듯한 주장이다. 거기서는 일본의 기원신화 자체가 혼합문화론적인 관점에서 재인식되고 있다. 일본 신의 태생을 더듬어 가면 일본 밖에서 찾을 수밖에 없게 된다는 것처럼. 도 데이칸의 일본 인식을 근본적으로 규정하고 있는 것은 고대 일본의 시작부터 기존의 것으로서 존재하는 중국문화와 문화적 수용면에서 선진적인 한국에 대한 인식이다. 일본이 7세기 후기부터 자각적으로 견수사遣隋使나 견당사遣唐使 등을 통해 직접적으로 '한'漢을 받아들이고 율령체제로 천황 조정적 국가 제도를 정비하고 귀족관료의 교양과 교육을 한나라풍[漢風]으로 체계화하기까지, 고대 일본의 언어에서 습속에 이르는 문화의 기층을 형성하는 것은 한반도 경유의 '한'漢 혹은 '한'韓 문화였다고 도 데이칸은 보고 있다. "진秦나라 사람의 언어, 한韓에서 일변하고 또 우리나라에서 일변하여, 지금 이를 찾으려 해도 우리나라의 훈[和訓]에 섞여 분별하기 어렵다"는 말이 이를 잘 나타내고 있다. 노리나가가 '미치광이의 말'이라고 분노한 것은 도 데이칸의 이러한 발언이다.

5. 정기의 담론이란 무엇인가

노리나가가 『쇼코하쓰』를 미치광이의 책이라고 한 것은 일본문화 기원의 고유성이 이 책에서는 훼손되고 있기 때문이다. 노리나가가 상대를 미치광이라고 하면서 정상적인 일본의 담론으로 세우려 하는 것은 '고유한 기원을 갖는 일본'이라는 담론이다. "태초에 일본이 있었으니"라는 담론이야말로 올바르고 정기正氣를 지닌 사람의 담론이다. "일본이 있었으니"의 담론을 확립하기 위해 노리나가는 상대를 미치광이라고 하면서 논쟁을 전개한다. '일본과 그 문화적 기원의 고유성'은 이러한 정기와 광기狂氣라는 담론적 대항을 통해 정기의 담론, 즉 정상적인 일본인의 담론으로서 성립해 간다.

노리나가는 『고지키』의 주석 작업을 통해 일본인에 대한 인식상의 전환을 이루어 갔다. 그 전환이란 기기의 신대사神代史를 어디까지나 '일본의 신'의 전승으로 한정한 점에 있다. 노리나가의 『고지키』 주석이 문제로 삼고 있는 것은 '일본 고유의 신들'의 전승이며, 단적으로 '일본의 신'이다. '신의 길'은 이른바 신도교설이 아니라 '일본의 신의 가르침'이어야 한다. 노리나가의 『고지키전』古事記傳은 이러한 전환으로부터 수행된 주석이라 할 수 있다. 그렇지만 기기에서 신들의 전승을 읽으면 거기서 얼마든지 '한'韓의 흔적을 발견할 수 있다. '한'의 흔적을 가장 많이 남긴 신이 스사노오라는 것은 이미 지적하였다. 『니혼쇼키』의 일서에는 천상세계에서 추방당해 "스사노오노미코토는 아들 이소타케루노카미를 이끌고 신라국에 강림하여, 운운"이라고 쓰여져 있었다. 또 다른 일서에는 "스사노오노미코토가 말씀하시길 한반도에는 금은이 있어, 운운"이라고 되어 있었다. 천상세계에서 아마테라스와 대립하다 추방되어 아시하라노나카쓰쿠니의 통치자 오쿠니누시大国主神의 조신祖神이 되는 스사노오는 '한'의 흔적을 강하게 띠고 있는 신이다. 도 데이칸은 이에 따라 "스사노오노미코토는 진한辰韓의 주인이다"라고 말하고, 나아가 "신대기에 스사노오노미코토는 진한에서 건너왔기 때문에 신라를 부모의 네노쿠니라고 한다. 스사노오노미코토가 이 나라 사람이었는데 나라에서 쫓겨나 신라의 소시마리蘇志摩利의 땅에 있었다고 할 수 있다"고 말한다. '진한'이란 한국 고대 삼한의 하나로 후에 진한의 사로국斯盧國을 중심으로 신라가 성립했다고 한다. 도 데이칸은 기기에서의 이러한 '한'韓의 엄폐掩蔽를 지적하면서 "이러한 일들은 책을 읽는 사람의 눈이 높지 않으면 함께 논하기 어렵고, 어리석은 자[癡人] 앞에서 꿈을 풀이하는 것과 같다"고 말한다.

노리나가는 도 데이칸의 "눈이 높지 않으면 함께 논하기 어렵다"는 말을 받아 이렇게 반론한다.

오로지 억지로 황국을 경멸하는 것을 눈이 높은 것이라고 이해하는 것은 오히려 눈도 마음도 비천하고 한나라 서적[漢籍]에 빠져 미혹되었기 때문이다. 지금 한층 더 눈을 높여서 보라. 그 그릇됨을 깨달아야 한다. 우리나라 고학古學의 눈을 가지고 보면 외국은 천축天竺, 한나라[漢國], 삼한三韓, 그 밖의 나라 모두 스쿠나히코나노카미少名毘古那神가 무슨 일이든 시작하신 것임을 알게 된다. 그리고 한나라에서 호들갑스럽게 말하고 있는 복희伏羲·신농神農·황제黃帝·요순堯舜 등도 그 근본은 모두 이 신으로부터 나온 것이다.

한층 더 눈을 높여서 읽으면 '한'韓의 흔적이 '왜'倭의 흔적이라는 것을 알게 될 것이라고 노리나가는 말하고 있다. 옛 전승에서 '한'의 흔적으로 간주되는 것은 오히려 '일본의 신'의 위세가 이국 땅에 미친 흔적이라고 보아야 한다는 것이다. 기기의 신대사에서 신화적 기원을 가진 '일본'의 성립을 읽는 것은 '한'의 흔적에서 '한'을 지우고 '왜'의 흔적으로 읽어가는 것이다. 그리하여 '왜'의 전승에서 '한'의 흔적을, '왜'에서 '한'을 읽으려는 것은 광기이며, 그 흔적으로 단지 '일본'(야마토)의 성립과 그 위세를 읽는 것이야말로 정기를 가진 사람이라는 것이다.

6. '일본' 성립의 언어적 기념비

『고지키』, 『니혼쇼키』에서의 옛 기록을 통해 고유한 신화적 기원을 갖는 '일본'의 성립을 읽는 것은 '일본'을 역사상에 성립시킨 덴무 천황의 기기 편찬 의도에 따라 읽는 것이었다. 그것은 역사상에서 '일본'의 성립을 근세 국학적 주석 작업 위에 반복하는 것이었다. 그리고 이는 그야말로 근대 일본에서 국가의 학, 혹은 '나라 배우기'로 계승된 국학의 성립이었다. 국학적 담론 위에 '일본'은 고유한 기원을 갖고 고유 언어, 고유 문화 같은 문화적 동일성을 갖춘 국가로서 강고하게 성립하게 된다. 그렇지만 '일본'을 성립시킨 노리나가 등의 『고지키』, 『니혼쇼키』 읽기가 결정적으로 부정한 것이 무엇이었는지를 다시 한번 확인해 두고 싶다. '미치광이의 말'로 부정된 것은 도 데이칸의 다음과 같은 해독이다.

일본기를 읽기 위해서는 먼저 이 나라의 일이 마한과 진한으로부터 열리고, 다른 한편으로는 변한의 일도 혼합되었다고 생각하고 이를 잊지않고 읽어야만 비로소 이해할 수 있다. 옛날부터 한국에서 일어난 것을알지 못하게 감춘 줄도 모르고 이 나라만으로 모든 일이 일어났다고 생각하기 때문에 한국 언어를 일본 훈[和訓]으로 하였다. [그래서] 다양한 설을 내세웠지만 끝내 그 뜻을 얻지 못했다.

도 데이칸은 일본기라는 일국적 역사 기술 자체가 일본 열도에서 언어나 문화의 유래에 대한 엄폐라고 말하고 있다. 노리나가가 '미치광이의 말'이라고 한 것은 옛 전승에서의 '한'韓의 흔적으로 기원의 고유성을 위태롭게 하는 이와 같은 해독이었다. '일본'은 천황의 조정과 함께 언어와 문화 모두 고유의 기원을 갖고 존재하지 않으면 안 되는 것이다. 그렇지만 고유의 기원은 그 주장자의 신념 이상의 증거를 갖고 있는 것인가. 노리나가는 고유 언어인 '야마토고토바'大和言葉의 존립을 어떠한 근거로 말할 수 있는가. "우리나라의 언어, 음훈 모두 다른 나라에서 옮겨 온 것이다"라는 『쇼코하쓰』의 말에 노리나가는 당연히 격하게 반발한다. 그러나 도 데이칸의 말에 반발하는 노리나가는 비유적인 반발의 언어 이외의 것으로는 일본 열도의 언어 고유성을 말하지 못한다.

무릇 이 논자의 마음은 머나먼 상대의 이 나라는 사람도 없이 마치 무인도 같았는데, 한국에서 옮겨 온 후에 사람이 생겼다고 생각한다. 또 사람은 원래 있었으나, 한국·중국과 왕래하기 전에는 모두 말도 못 하고 마치 벙어리 같았다고 생각한다. 만약 원래부터 사람들이 있었고 그들이 모두 아무 말도 하지 않고 살았던 것이 아니라면, 원래부터 언어가 있었다는 점은 논의의 여지가 없다. 그런데도 지금 언어가 모두 다른 나라에서 옮겨 온 것이라니 이 무슨 궤변[强言]인가.

그러나 노리나가의 비유적 언어를 사용한 반론은 고유 언어의 기원적 존립이 적극적·입증적 언어로는 주장될 수 없다는 점을 말해 주고 있다. 사실 '시키시마敷島의 야마토고토바'는 『고지키』의 한자 텍스트에서 '한'漢과 '한'韓의 흔적인 한자가 짊어진 문화적 의미를 글자음[字音]과 함께 소거하여 읽기 시작한 것이 아니었던가.[14] 일본의 고유어 '야마토고토바'는 '한'漢과 '한'韓을 소거함으로써 성립한 사후 구성물이다. '일본'의 성립이란 '한'韓을 흔적으로만 남긴 채 '한'韓을 소거하는 것이다. 노리나가의 『겐쿄진』은 '일본'의 성립과 '한'韓의 소거를 격렬히 논란論難한 "기념비"적 담론이었다. 근대 일본은 이를 그야말로 '정'正의 기념비로서, 즉 정상적 일본인의 언어적 기념비로서 현창하고 계승해 갔던 것이다.

7. '한'韓을 포괄하는 제국

일본의 고대 문헌자료에 있는 다량의 '한'韓의 흔적을 무시할 수 없었던 많은 학자들이 있었다는 것은 이미 지적하였다. 언어학자 가나자와 쇼자부로金澤庄三郎도 그 중 한 사람이었다. 그가 한국어에 관심을 갖기 시작한 것은 학생 시절이었다고 한다. 이윽고 문과대학장 도야마 마사카즈外山正一의 권유를 계기로 한국어를 본격 연구하게 되었고, 한국으로 유학한 것은 27세 때인 1898년(메이지 31년)이었다고 한다. 그렇지만 필자가 알고 있는 가나자와 쇼자부로는 한국어 연구자로서가 아니라 『고지린』廣

---

14) 노리나가가 『고지키』의 한자 텍스트에서 '야마토고토바'를 읽어 내기 시작한 것에 대해서는 필자의 『本居宣長』(岩波書店, 2001), 『漢字論─不可避の他者』(岩波書店, 2003)를 참조할 것.

辭林의 편자編者로서였다. 상당히 오랫동안 필자는 형이 물려준『고지린』의 도움을 받았다. 가나자와 쇼자부로가『일조동조론』日朝同祖論의 저자이기도 하다는 것을 알게 된 것은 훨씬 뒤의 일이었다. 그에게도 한국어 연구가『일조동조론』으로 결실을 맺기까지 오랜 시간이 필요했던 것 같다. 『일조동조론』이 간행된 것은 1929년(쇼와 4년)이다. 한국 유학 시의 그의 과제였던 '한일 양 국어의 비교연구'[15]는 그로부터 30년 지난 쇼와 시대에『일조동조론』이란 제목의 저서에 포함되었다. 일본 고문헌에서의 '한'韓 언어 흔적이라는 사실을 주목한 데서 시작된, 한일 양 언어를 둘러싼 제 연구가 '일조동조론'이라는 말로 포괄되어 쇼와기에『일조동조론』으로 간행된 것이다. 이곳에서 그는 한일 양 언어의 친근성을 다음과 같이 말한다.

> 참으로 신대에는 한반도[韓鄕(가라쿠니)之島]와 우리 일본[大八洲国, 오야시마노쿠니]이 이처럼 밀접한 사이였으므로, 한 걸음 더 나아가 말하자면 오야시마 안에 가라쿠니가 포함되어 있었다는 역사가의 설도 결코 부정할 수 없는 일이다.

여기서 한일 양 언어의 친근성은 '왜'倭와 '한'韓을 포괄하는 하나의 큰 것[즉 '오야시마노쿠니']을 상정한다. 1929년 이미 일본은 조선을 병합하고 만주에 대한 명백한 야심을 지닌 제국이었다. 그렇지만 이 일본제

---

15) 가나자와가 유학의 성과물인 논문「일한 양국어 동계론」(日韓両国語同系論)으로 학위를 취득한 것은 1902년의 일이다.

국 형성에 대한 의지는 메이지의 근대국가 성립과 함께 존재해 왔다. 위 문장에서 '역사가의 설'이라고 되어 있는 것은 요시다 도고[16]의 『일한고 사단』이다. 요시다는 '오야시마'에 대해 "야시마八洲는 섬들이 많다는 점을 말할 뿐이다. 두루彌라는 뜻을 8이란 수에 한정해서는 안 된다. '기'記, '기'紀에 실린 곳을 견강부회하여 이설異說이 매우 많고 하나같이 한반도 (가라쿠니)를 탈락시키고 있는데, 이는 아마도 두 역사서의 성문이 삼한 이 이반한 후에 쓰시마對馬를 경계로 나라의 내외를 한정하였기 때문인 것 같다"고 말하고, 이 문장 끝에 다음과 같은 할주割註를 덧붙이고 있다. "요컨대 덴치 천황 시기 이전의 오야시마노쿠니는 한반도도 포함한다고 할 수 있다." 청년 언어학자 가나자와가 한국어 연구를 결심한 1893년, 후에 일본의 역사지리학을 창설하는 요시다 도고는 이미 기기에 나타난 '한'韓의 흔적을 통해 한반도를 포섭하는 원原일본제국이라 할 만한 '오야 시마노쿠니'를 역사의 저편에서 추정한 것이다.

---

16) 요시다 도고(吉田東伍, 1864~1918). 독학으로 역사학을 익히고 『일한고사단』(日韓古史斷), 『도쿠가와 정교고』(德川政教考)를 저술하여 학자로서의 입지를 다졌다. 후에 와세다대학 교수를 역임하고 역사지리학회를 창설하는 한편, 『대일본 지명사전』(大日本地名辞書)의 간행 사업을 완성시켰다.

'일본어'(야마토고토바)의 이념과 그 창출
― 모토오리 노리나가 『고지키전』의 선물

"황공하기 그지없는 먼 황조신皇祖神 시대의 미야비고토雅言[1]."
―모토오리 노리나가, 「신각 고지키 단문」新刻古事記之端文

"하물며 그 문자가 후에 붙인 임시적인 것이라면 아무리 깊이 탐구해 봐야 아무 쓸모도 없다. 오로지 몇 번이고 고어를 생각하고 생각해서 분명히 하여 옛날 풍속을 잘 아는 데야말로 학문의 요체가 있다 할 수 있으리니."
―모토오리 노리나가, 『고지키전』古事記傳 제1권 「훈법에 대해」訓法の事

1. '일본어'란

국어사전은 편찬 당시 일본인의 일본어 사용에 있어서 표준적인 사용어휘의 범위를 확정하고, 채용한 어휘의 유래나 표준적인 의미를 설명한다. 그리고 끊임없는 증보개정 작업을 통해 당대 일본어 사용의 표준 규

---

1) 품위 있고 우아한 말.―옮긴이

격을 제공한다. 더욱이 『고지엔』廣辞苑 같은 국어대사전의 경우에는 등록된 어휘의 범위가 역사를 거슬러 올라가 확대되고, 어휘의 의미 역시 그 역사적인 변용 과정을 더듬어 가기도 한다. 이러한 대사전은 일본어로서의 범위를 역사적으로 거슬러 올라가 확대하고, 또 신조어나 외래어를 포함하여 그 범위를 확정해 간다. 국어사전은 어떠한 개념의 성립을 생각하려는 우리에게 중요한 의미를 갖는다. 예컨대 우리는 국어사전을 통해 '민족'이라는 어휘가 어떠한 의미를 가지며, 언제 표준적인 일본어 어휘로 간주되기에 이르렀는지 알 수 있다. 필자가 특히 흥미를 갖는 것은 국어사전이 (스스로 편집한) '일본어'와 '국어'를 어떻게 설명하고 있는가 하는 점이다. 『고지엔』(제4판)은 이렇게 설명하고 있다.

> 일본어 : 일본의 국어로 옛날부터 일본민족이 사용해 온 언어. 방언의 차이와 함께 지위·직업·남녀에 따른 차이도 현저하다. 역사적으로는 중국어의 영향을 꽤 받아 왔으나, 계통적으로는 한국어·알타이 제어(퉁구스어 등)와의 동계同系설이 유력하다. 그러나 양자의 친족관계는 증명되지 않은 채 바스크어Euskara나 아이누어 등과 함께 고립된 언어의 하나로 취급되고 있다.
> 국어 : ① 그 나라에서 공적인 것으로 여겨지는 언어. 그 나라의 공용어. 자국의 언어. ② 일본어의 별칭. ③ 한어漢語·외래어에 대해 본래의 일본어. 화어和語. 야마토고토바. ④ 국어과의 약칭.

'일본어'에 대해 '일본의 국어'라고 한 것은 '국어'에서 ①의 의미, '그 나라에서 공적인 것으로 여겨지는 언어. 그 나라의 공용어'에 대응한다.『고지엔』은 '일본어'를 '옛날부터 일본민족이 사용해 온 언어'라고 설명한다. 여기서 우리는 '일본민족'이라는 말과 함께 설명되는 일본어의 규정에 주목해야 한다. '일본민족'과 상관되어 언급되는 '일본어'란 에스닉한 자연적 기원을 가장하면서도 '민족' 개념과 함께 근대 일본에 성립하는 것이다. 그것은 '국어'의 ③에서 '본래의 일본어'라는 것에 대응한다. '본래의 일본어'란 일본인이 사용하는 어휘에서 타자성의 각인을 갖는 한어·외래어를 구별하는 데서 생겨나는 개념이다. 에스닉한 기원으로 자타를 구별하는 '민족'이란 말로 '네이션' 개념을 번역적으로 전이시킴과 동시에 민족의 고유어 '일본어' 또한 성립한다. 여기서『고지엔』의 정의에 대해 또 하나 부언하자면, 비교언어학에 의거하여 일본어를 바스크어나 아이누어와 같은 고립어라는 설명을 마지막에 덧붙이고 있다는 것이다. 그러나 이것은 일본어를 바스크어나 아이누어와 같이 하나의 종족적 언어로 간주한다는 것을 의미하는 것은 아니다. "옛날부터 일본 본토에서 살아온 일본민족"[2]의 언어가 일본어이고, 일본이라는 국가를 이루고 있는 민족의 언어, 그 국가의 국어이기도 한 언어가 일본어라는 것으로 하나의 종족언어라는 것은 아니다. "국어 곧 일본어는 세계의 언어 중 하나"라고 말하며, 동시에 "일본민족이 사용하는 언어가 일본어이며, 일본민족 자신의 언어로서는 일본어 외에는 없으므로 일본어는 곧 일본민족의 언어이다"라고 하시모토 신키치橋本進吉가 말할 때 이 민족은 국가를 구성하는 네이션을 가리킨다. 하시모토의 이러한 국어학적 담론에 의해 일본민족 언어로서의 일본어가 성립할 것이다.

---

2) 橋本進吉,『国語学概論』, 岩波書店, 1946.

일본민족의 고유어인 일본어라는 이념이 국어학자의 어떠한 이야기를 초래하는지를 살펴보자. 현재 방송대학 교재 『국어학개론』은 고대 일본인의 언어의식으로 거슬러 올라가 기원 이야기를 하고 있다.

고대에는 백제·신라·고구려나 중국과의 교류가 한정된 곳에서 이루어졌지만, 대부분의 일본인에게는 무관한 일이었다. …… 다수의 일본인이 직접적으로 다른 언어를 접촉하는 일은 거의 없었다고 해도 과언이 아니다. 그와 같이 일본인은 자신들이 그 속에서 태어난 자신들의 언어를 특별히 의식하거나 상대적으로 포착하는 일은 없었다. 자신들의 언어는 유일하고 절대적인 것이었다. 자신들의 언어를 '국어'라고 부르는 것에도 아무런 저항감이 없었을 것이다.[3]

현대 국어학자에게 이러한 순진한 일본어 의식이 아직도 존재한다는 것이 놀랍다. 새삼 노리나가로부터 시작되는 일본 고유어 '야마토고토바' 이데올로기의 아득한 사정射程을 생각하지 않을 수 없다. 마지막으로 하나 더, 근대 일본에서 역사적인 민족 개념의 창출에 깊이 관여한 교토학파의 고야마 이와오[4]의 말을 인용해 두고자 한다. "언어는 가장 기본적인 문화이지만, 인류 공통의 언어라는 것도 없고 개인마다 서로 다른 언어라는 것도 없다. 언어는 민족의 언어이며, 민족이라는 것은 언어

---

3) 白藤禮幸·杉浦克己 編, 『国語学概論』, 放送大学教材, 1998.
4) 고야마 이와오(高山岩男, 1905~1993)는 교토학파의 중심인물 가운데 한 사람으로 철학자이다. 제2차 세계대전을 대동아공영권 건설이라는 이상 건설을 위해 불가피한 것이라고 하여 긍정적인 입장을 취하였다.—옮긴이

공동체를 말한다."[5] 이것은 '일본민족' 개념과 '민족언어·일본어' 개념의 동시 성립을 확실히 보여 주고 있다.

2. 『고지키』를 읽는 것

노리나가는 『고지키』를 처음으로 읽었다. 그러나 처음으로 읽는다는 것은 무엇인가. 물론 『고지키』의 텍스트는 전부터 존재하고 있었고, 신도가神道家들은 그것을 『니혼쇼키』의 부수적 텍스트로 간주하여 읽고 있었다. 그럼에도 불구하고, 노리나가가 처음으로 『고지키』를 읽었다는 것은 자신만의 읽기 방식 때문이다. 종래 신도가들이 『고지키』를 한문 텍스트로 간주하여 한문으로서 훈독한 데 반해, 노리나가는 『고지키』를 한자·한문 표기 일본어 텍스트로 간주하여 일본어 문장으로 읽었다. 물론 그 일본어라는 것은 일본 고유의 고어古語로서의 일본어, 즉 '야마토고토바'이다. 예를 들어, "此時伊邪那岐命大歡喜詔. 吾者生生子而於生終. 得三貴子. 即其御頸珠之玉緒母由良邇取由良迦志而. 賜天照大御神而詔之. 汝命者所知高天原矣. 事依而賜也"(신대神代 제5권)라고 한자·한문으로 기록된 문장을 노리나가는 다음과 같이 읽었다.

이때 이자나기노미코토伊邪那岐命가 크게 기뻐하며 말씀하시기를 "나는 국토와 신들을 낳고 마침내 더없이 귀한 세 명의 자식을 얻었노라"고 하시었다. 이윽고 목에 걸고 있던 옥을 꿴 끈을 간드랑간드랑 흔들면서 아

---

5) 高山岩男, 『日本民族の心 : 文化類型學的考察』, 玉川大学出版部, 1972.

마테라스오미카미^{天照大御神}에게 "너는 다카마노하라^{高天原}를 다스려라" 하고 명하고 옥을 주셨다.

이것을 음독^{音讀}하면 알 수 있는 바와 같이, 노리나가는 『고지키』의 한자·한문 표기 문장을 아름다운 일본어로 읽고 있다. 그야말로 우아한 문장이다. 어떻게 이러한 읽기가 가능한지는 나중 문제이다. 여하튼 이 노리나가의 읽기 방식과 함께 『고지키』에 대한 견해가 일변했다. 『고지키』는 일본어 텍스트, 혹은 일본어를 읽어 낼 수 있는 텍스트가 되었다. 『고지키』가 일본어 텍스트가 되었다는 것은 거기서 언급되고 있는 신들의 전승이 일본 신들의 전승, 즉 일본신화가 되었다는 것을 의미한다. 『고지키』는 일본 신들의 사적을 전하는 신전^{神典}이 된 것이다.

따라서 『고지키』를 일본어로 읽기 위한 언어적, 사상적, 역사적 작업 일체를 집대성한 『고지키전』은 고야마 이와오의 말처럼, '일본민족'의 동의어로서의 '일본어'라는 언어적 아이덴티티 자각사^{自覺史}에서 기념비적 역작으로 존재하게 될 것이다.

그렇다면 노리나가는 『고지키』를 어떻게 일본어로 읽었을까? 또한 『고지키』의 한자·한문 텍스트에서 고유 일본어 '야마토고토바'를 어떻게 읽어 낼 수 있었을까?

3. 『고지키』를 읽을 수 있는가

일본어학자 가메이 다카시^{龜井孝}는 '『고지키』를 읽을 수 있는가'라는 문제를 제기해 국어학계에 큰 파문을 던졌다. 그것은 1957년의 일이다.[6] 그러나 이에 관해 쓰기 시작할 때, 이미 필자는 난해한 문제에 직면하게 된다. 지금 가메이를 일본어학자라고 했는데, 그렇다면 그를 국어학자라고하는 것은 잘못인가. 원래 일본어학과 국어학은 같은 것인가, 다른 것인가 하는 문제이다. 특정한 학문적 전문영역을 어떻게 부르는가 하는 것은 처음부터 시대의 지知의 편성과 관련된 것으로 단지 호칭의 문제인 것만은 아니다. 특히 '일본어'와 '국어'에 대해서는 이미 지적한 바와 같이민족국가로서의 근대 일본의 성립과 일본제국 내외에서의 언어적 대응문제가 깊이 관련되어 있었다.[7] '일본어'인가, '국어'인가는 언어학적 영역을 넘어 현대 일본이 스스로의 위치를 규정하는 것과 관련되는 본질적인 문제를 포함하고 있다. 여기서 '일본어학'은 현대 일본어에 대한 언어적 관심으로 방향이 정해진 학문이며, '국어학'은 고전 일본어에 대한 관심으로 방향이 정해진 국학적 어학 유산을 계승한 학문이라고만 규정하고, 가메이가 제기한 최초의 문제로 되돌아가자.

가메이가 '『고지키』를 읽을 수 있는가'라고 말할 때, '읽는다'よむ는 것은 다중적인 의미를 갖는다. 먼저, '읽는다'는 것은 음독하는 것을 의미한다. 다음으로 '읽는다'訓む는 한자로 표현하듯이 훈독하는 것을 의미하기도 한다. 더욱이 '읽는다'는 것은 독해하는 것을 의미한다. 가메이는 이와 같은 삼중의 의미에서 『고지키』를 읽을 수 있는지 묻고 있는 것이다.

---

6) 가메이 다카시의 문제제기 「古事記はよめるか —散文の部分における字訓およびいはゆる訓讀の問題」는 『古事記大成』의 제3권 『言語文字編』(平凡社, 1957)에 게재되었다. 『日本語のすがたとこころ』(『龜井孝著作集』 第四卷), 吉川弘文館, 1980.
7) 이 문제에 대해서는 필자의 논문 「国語」は死して'日本語'は生まれたか」(『日本近代思想批判: 一国知の成立』, 岩波現代文庫, 2003)를 참조할 것.

만약 읽을 수 있다면, 그것은 어떠한 의미에서 읽을 수 있다는 것인가, 또 어떠한 한도에서 읽을 수 있다는 것인가를 문제 삼고 있는 것이다. 『고지키』에 대해 이러한 문제가 제기되는 것은 『고지키』의 텍스트 성립 배경과 관련된다. 주지하는 바와 같이, 『고지키』는 편찬자 오노 야스마로太安万侶의 손에 의해 한자·한문 표기로 된 기록, 즉 기원신화를 포함한 국가성립 과정이 정리된 최고最古의 기록으로 712년에 완성되었다. 이것을 기록이라고 보는 것은 문자표기로 이루어진 기록이라는 것이다. 그러나 일본 열도에 고유 문자는 존재하지 않는다. 따라서 기원신화를 포함한 국가성립 기록은 위대한 문명선진국인 중국의 문자, 곧 한자로 표기될 수밖에 없다.

한자는 중국문명과 함께 직접 중국에서, 혹은 한반도를 경유하여 수많은 도래인渡來人에 의해 일본 열도에 전해졌다. 오진 천황[8] 시기에 백제로부터 중국서적[漢籍]과 그 독해자가 도래했음을 기기記紀가 기록하고 있는 바와 같이, 한문 독해와 한자 사용을 가능케 하는 지식과 수단이 사람과 함께 주로 백제로부터 전해졌다. 7세기 후반에는 조정을 중심으로 지리적으로나 인적으로 상당한 범위에서 한자가 표기수단으로 사용되게 된다. 표기수단으로서의 한자 사용에는 몇 가지 방법이 있다. 하나는 중국에서와 마찬가지로 한문으로 표기하는 방법이다. 한문 표기 문체를 '정격한문체'正格漢文體라 부른다. 다른 하나는 일본어 통사법에 부분적으로 흐트러뜨린 한문체 표기이다. 이것은 변칙적 한문체이다. 이것을 일

---

8) 오진 천황(応神天皇, 201~310). 일본의 제15대 천황이지만 실재한 것으로 평가받는 가장 오래된 천황이다. 재위 기간은 270~310년으로 알려져 있다.—옮긴이

반적으로 '변체한문체'變體漢文體라 부르고 있다. 또한 한자를 표음기호화하여 일본어를 표기하는 방법이 있다. 이것은 중국에서 외국의 인명이나 지명을 표기하는 데에 사용하는 방법으로, 예컨대 「위지왜인전」魏志倭人傳에서 '마쓰로국'末盧國, '이토국'伊都國, '히미코'卑彌呼라고 표기하는 것과 같은 방법이다. 이러한 일본어 표기법을 '한자가나표기체'漢字假名表記體라 불러 두고자 한다. 한자가나는 『만요슈』萬葉集에서 노래 표기에 많이 사용되고 있기 때문에 '만요가나'로 불리고 있다. 7세기 일본에서는 이 세 종류의 한자표기법이 혼재되어 사용되었다.

만약 토착적native인 언어로서의 일본어가 있었다면 이를 한자로 서기화書記化하는 데는 이 세 종류의 표기법을 혼용하는 방식이 가장 적합하다고 할 수 있을 것이다. '정격한문체'는 문장 표현으로서는 뛰어나지만 일본어와 문체가 크게 다르다. '한자가나표기체'는 신의 이름[神名] 등 고유명이나 가요 표기로 사용할 수는 있어도 산문 표기로서는 부적절하다. 따라서 '변체한문체'야말로 일본어 산문의 서기화에 적합한 표기법이라고 생각된다. '변체한문체'는 이 세 종류의 표기법을 혼용한 문체로서, 오노 야스마로가 『고지키』를 편찬할 때 채용한 것 역시 바로 '변체한문체'이다. 그런데 필자는 여기서 상당히 중요한 것을 아무렇지도 않게 말하고 있다. '변체한문체'는 일본어 산문을 한자로 서기화하는 방법으로서 적합하다고 필자는 말했다. 즉, 여기서 문제되는 것은 언어의 서기화 문제이다. 일본어를 한자로 표기한다는 것은 일본어를 서기화하는 것이며 한자표기에 의한 일본어는 서기 일본어인 것이다. 표기법으로서 '변체한문체'를 사용할 때 성립하는 것은 서기화된 일본어, 그것도 한자·한문으로 서기화된 일본어이다. 오노 야스마로에 의해 성립된 것은 『고지키』라는 한자·한문으로 서기화된 일본어 텍스트이다. 이와 같은 인식은 모토오리 노리나가의 『고지키』 해독 작업과 관련되는 중대한 문제이다.[9]

　『고지키』는 한자·한문에 의한 최초의 대규모적인 일본어 서기화 작업의 성과이다. 그것은 중국 한자문화의 변용적 전이로서의 일본문화 성립을 가져온 최초의 대규모 실험사례라 할 수 있다. 따라서 『고지키』를 어떻게 읽을지는 한자문화와 관련하여 일본문화의 성립을 어떻게 생각할 것인지의 문제이기도 하다. 여기서 필자가 문제로 삼는 것은 일본문화의 고유성을 지향하는 노리나가 등의 국학자가 한자와의 관계 속에서 『고지키』를 어떻게 읽는가 하는 것이다. 가메이는 '『고지키』를 읽을 수 있는가'에 대한 문제제기를 함으로써 사람들에게 한자·한문에 의한 서기 텍스트로서의 『고지키』를 정면으로 마주 보게 한다. 그는 한자 서기 텍스트로서의 『고지키』가 당시의 음성언어 일본어로 『고지키』 텍스트를 읽는 것에 대한 단념 위에 성립했다고 본다. 그러나 이것이 같은 물음에 대하여 노리나가가 『고지키전』이나 『고훈고지키』[10]의 형태로 제시한 회답을 명백히 부인하는 것이라고 속단하기는 어렵다. 그렇게 말하는 것은 너무 성급한 결론이다. 그러나 '『고지키』를 읽을 수 있는가'라는 가메이의 문제제기를 돌아봄으로써, 우리는 『고지키』를 읽는다는 것이 포괄하는 문

---

9) 한자 서기 텍스트로서의 『고지키』의 성립과 노리나가에 의한 해독 작업을 둘러싼 문제에 대해 필자는 「『古事記』—この漢字書記テキスト」(『漢字論 : 不可避の他者』, 岩波書店, 2003)에서 현대의 국문학자의 논의를 시야에 넣으면서 상세히 논하고 있다.

10) 노리나가는 『고지키전』을 완성한(1798) 후 종래의 『고지키』 판본에 보이는 본문의 오류나 중국 서적풍의 훈독 오류를 바로잡아 '황조신 시대의 아언'으로 돌아가는, '고훈'에 의한 올바른 『고지키』 텍스트를 세상에 제공할 목적으로 『고지키』 본문에 가타카나의 방훈을 덧붙인 텍스트를 만든다. 이것이 노리나가 사망 뒤인 1803년에 간행된 『정정 고훈고지키』(訂正古訓古事記)이다.

제와『고지키』가 갖고 있는 문제를 이들 문제의 중대함과 함께 이해할 수 있을 것이다.

4. 노리나가의『고지키』발견

『니혼쇼키』를 구성하는 하나의 이본異本 정도로 여겨졌던『고지키』, 신도가가『니혼쇼키』신대神代권의 하위 텍스트로 회고할 정도였던『고지키』의 가치를 발견하고 일본 고전 최고最高의 위치에 올려놓은 것은 노리나가이다. 그렇다면 노리나가는『고지키』의 가치를 어디에서 발견했을까?『고지키전』의 서론을 이루는 제1권에서 노리나가는『고지키』가『니혼쇼키』보다 뛰어난 이유를 이렇게 설명하고 있다.

> 한편 이 기록(『고지키』)은 문장의 장식도 하지 않고 오로지 고어를 요체로 하여 옛 진실의 상태를 잃지 않으려 한 점이 서문[序]에 보이고, 또한 지금 차례대로 말하는 바와 같다. …… 저 찬撰(『니혼쇼키』)은 윤색을 더해 중국[漢]의 국사國史를 모조하는 것을 취지로 삼았고, 이것(『고지키』)은 옛날의 진실된 모습을 전하기 위한 것이다. 그 뜻이 서문에 보인다.

노리나가는 중국 역사서를 모범으로 하여 정격한문체로 서술된『니혼쇼키』에 비해『고지키』에는 일본의 고유성을 보존하려는 편찬 의도가 존재한다고 파악한다. 특히 그는『고지키』서문에서와 같이 일본의 고어·고언古言을 존중하고, 이를 잃지 않으려 노력한 오노 야스마로의 표기에 주목한다. 그리고 고어 존중 노력을 통해『고지키』의 기술이 고대의 진실을 보존할 수 있었다고 말한다. 여기에 노리나가 등의 국학자들이 가진 고대 일본에 대한 학문적, 사상적 관심의 특질이 모두 나타난다. 무엇보다도 그들의 고대에 대한 관심은 일본 고유의 언어에 대한 관심이었다. 일본 고대의 고유 언어를 통해 신대神代부터의 일본 고대의 고유 모습이 올바로 전해진다는 것이다. 이러한 노리나가 등의 국학자의 고대관古代觀, 언어관에 의하여 『고지키』는 『니혼쇼키』보다 우월한 가치를 갖는 최고最古의 기록으로 간주된다.

　　노리나가는 서문을 통해 명확한 제작의도를 가진 『고지키』의 제작자를 추정하고 있다. 그 제작자란 '제기帝紀 및 상고의 제사諸事'를 선정할 것을 명령한 덴무 천황이다. 더욱이 노리나가는 덴무 천황이 고어를 중시하고 스스로 고어를 구송口誦하여 사람들이 배우게 하였다고 말한다.[11] 그 제작자란 또한 천황의 뜻을 받들어 '황통의 계승 및 선대의 옛말[旧辭]'을 암송하여 배우는[誦習] 역할을 맡은 히에다노 아레[12]이며, 아레가 암송한 옛말을 문자로 옮겨 『고지키』로 적어서 기록[撰錄]한 오노 야스마로이다. 『고지키』란 덴무 천황의 성스러운 뜻을 받든 이들 제작자의 명확한 제작의도, 즉 '제기 및 상고의 제사'를 전승의 고어 그대로 후세에 전하고자 한 의도에 따라 성립한 기록이라는 것이다. 그렇다면 『고지키』를 읽는 것은 이 성스러운 제작의도에 따라 전승의 고어 그대로 읽는 것이 올

---

11) 노리나가는 『고지키』 서문에 있는 '히에다노 아레(稗田阿礼)가 부른 칙어의 옛말'에 의해 아레가 부른 옛말이 덴무 천황 자신이 입으로 부르고 다시 아레로 하여금 부르며 배우게 한 옛말이라고 해석하고 있다(『古事記傳』 二之卷 「古事記上卷ならびに序」). 이에 대해서는 필자의 저서 『本居宣長』(岩波現代文庫, 2001)를 참조할 것.

12) 덴무 천황의 도네리(舍人 ; 시중드는 사람)로 기억력이 뛰어난 것으로 알려져 있다.―옮긴이

바른 읽기가 된다. 『고지키』에는 명백한 제작 주체가 존재하므로 제작자가 『고지키』텍스트에 담은 의도에 따라 읽는 것이 독자의 올바른 읽기라고 간주된다. 그렇다면 『고지키』텍스트, 즉 한자 서기 텍스트에서 전승의 고어를 어떻게 읽어 낼 수 있는가.

5. '야마토고토바'의 훈독

『고지키』텍스트란 이미 지적한 바와 같이 일본어의 서기화 궁리로 '변체한문체'로 된 한자표기 텍스트이다. 이 한자표기 텍스트에서 어떻게 전승 고어를 읽어 낼 수 있는가. 노리나가는 전승 고어, 즉 고유 언어 '야마토고토바'를 『고지키』에서 읽어 낼 수 있다고 말했고 실제로 그렇게 믿었다.

노리나가가 『고지키』를 전승 고어 그대로 전하려 하는 성스러운 의도를 받들어 제작된 성스러운 기록으로 해석하고 있음은 이미 지적하였다. 그의 이러한 『고지키』이해는 또 다른 하나의 중요한 전제에 의거하고 있는데 이는 『고지키』에서 서기화 작업의 전제로 구송 전승이 존재했다고 말한 데에서 드러난다. 무無문자 시대에는 모든 것이 입에서 입으로 구전되어 왔을 것이다. 그리고 구송의 언어는 한자 도입 전의 고유 언어 '야마토고토바'이다. 노리나가는 『고지키』가 구송의 고유 언어를 남기려고 노력한 텍스트라고 간주한다.

『고지키』의 뛰어난 점을 말하자면 먼저 상대上代에는 서적이라는 것이 없어, 단지 사람의 입으로 전해진 일은 반드시 『니혼쇼키』의 문文처럼이 아니라『고지키』의 말[詞]처럼 있었다는 점이다.『니혼쇼키』는 오로지 중국[漢]을 모조하는 것을 본 뜻[旨]으로 하여 문장을 장식하지만,『고지키』는 중국과는 관계없이 단지 옛 말[語言]을 잃지 않으려는 것을 취지[主]로 하였다.[13]

노리나가는『고지키』텍스트의 배후에 구송의 전승이 있고,『고지키』제작자가 그 구송 언어의 상태를 잃지 않으려 노력했다면, 그 제작의 도를 올바로 이해하는 독자는 이 텍스트에서 구송 언어를 읽어 낼 수 있을 것이라고 생각한다. 그렇지만『고지키』텍스트는 구송 언어로 보자면 이중의 타자성을 갖고 있는 것이 아닌가. 표기수단으로서의 문자는 구송 언어의 접근성으로 보면 이미 타자성을 띠고 있다. 더욱이『고지키』에서 표기를 위한 문자는 타국 언어인 중국어 표기문자인 한자이다.『고지키』의 한자표기 텍스트는 설령 그것이 표기의 궁리를 수반한 '변체한문체'로 이루어진 텍스트라 하더라도 구송 언어에 대해 이중의 타자성을 갖는 것이다. 만약 이 한자표기 텍스트에서 구송 언어를 읽어 낼 수 있다고 해도 이 타자성을 어떻게 뛰어넘을 것인가.『고지키』본문의 서두는 다음과 같은 일절로 되어 있다.

> 天地初發之時, 於高天原成神名, 天之御中主神. 次高御座巣日神. 次神産巣
> 日神. 此三柱神者, 並獨神成坐, 而隱身也.

---

13)『古事記傳』一之卷「古記典等總論」,『本居宣長全集』第九卷, 筑摩書房, 1968.

신대권神代卷 서두에 있는 이 문장을 노리나가는 다음과 같이 읽었다.

천지가 초발할 때 다카마노하라高天原에서 나온 신의 이름은 아메노미나카누시노카미天之御中主神, 다음으로 다카미무수비노카미高御産巣日神, 그 다음으로 가미무수비노카미神産巣日神이다. 이 세 신은 모두 히토리카미獨神가 되어 몸을 숨기셨으니.

노리나가는 이렇게 읽는 것만이 신대의 우아한 옛말의 재현이며, 그것이 바로 『고지키』 본래의 훈독, 즉 '고훈'古訓이라고 주장했다. 그렇다면 이러한 훈독은 원문에 보이는 '변체한문체'의 한자표기 텍스트에서 어떠한 해석의 조작을 거쳐 성립하는 것일까? 서두의 말 '천지'天地에 대해 살펴보자. 천지창조 신화의 형태를 띠고 시작되는 이 '천지'라는 말에 대해, 노리나가는 『고지키전』 주석에서 이렇게 쓰기 시작한다.

천지天地는 아메쓰치阿米都知의 한자로서 천은 아메阿米이다. 그리하여 아메라는 말의 뜻은 아직 알 수 없다. 무릇 여러 말의 본의本意를 풀이하는 것은 참으로 어려운 일인데, 굳이 풀이하자면 반드시 벽설僻說이 나오는 것이다.[14]

"천지는 아메쓰치의 한자로서"라는 것은 '천지'란 고유 언어인 '야마토고토바'의 '아메쓰치'를 표기하기 위해 붙인 한자라는 것이다. 노리

---

14) 『古事記傳』, 三之卷 「神代一之卷」, 『本居宣長全集』 第九卷.

나가의 해독 작업 과정에서 보면 먼저 눈앞에 '천지'라는 한자표기 어구가 있고, 증거자료 등에 의한 훈독의 규명 과정이 있으며, '아메쓰치'라는 훈독이 제시되는 순서를 거칠 터이다. 사실 노리나가가 행한 주석 과정도 그러했다. 그런데『고지키전』의 주석문 기술은 이러한 과정을 전도시키고 있다. 그는 고유 언어 '아메쓰치'가 먼저 존재하고 그것을 표기하기 위해 한자 '천지'가 붙게 되었다고 말하고 있다. 이는 노리나가의 주석이 그가 추정한『고지키』성립 과정의 재현이라는 형태를 취하기 때문이다. 즉 먼저 '야마토고토바'가 있고, 그것을 어떻게 표기할 것인가 하는 방도로서 텍스트의 성립 과정을 추정하고 있기 때문이다. 제작자의 머릿속에 있는 것은 '아메쓰치'이지 결코 '천지'가 아니었다는 것이다. 실제 고증 과정의 전도로 이루어진 노리나가의 주석에서 한자는 기본적으로 고유 언어 '야마토고토바'를 표기하기 위해 붙인 문자, 이를테면 표기수단으로 간주된다. 그리고『고지키』텍스트 표기상의 한자는 기본적으로 '임시 글자'仮り字(借り字=빌린 글자)로 간주된다. 임시 글자란 가나假名이다. 이것이야말로『고지키』텍스트의 한자라는 장애를 넘어『고지키』텍스트를 투명화하기 위해 노리나가가 취한 고유 언어 훈독 전략이다.

한자를 임시 글자로 간주하는 것은『고지키』텍스트를 한자의 의미 지배에서 해방하는 것이다. '천지'는 임시 글자이므로 그것을 가지고 '아메쓰치'의 의미를 생각해서는 안 된다. '천'도 '아메'이며, '아메'의 의미를 한자 '천'에 의해 생각해서는 안 된다. 그렇다면 '아메'란 무엇인가. 노리나가는 "천은 아메阿米이다. 그리하여 아메라는 말의 뜻은 아직 알 수 없다"고 말한다. '천'이란 '아메'에 붙인 한자이다. 그렇다면 고유어 '아메'의 의미는 무엇인가. "나로서는 아직 아메라는 말의 본래 의미를 잘 모르겠다"고 노리나가는 답한다. 이것은 지극히 정직한 걸작의 회답이다. 『고지키』 텍스트에서 노리나가는 '천'이라는 한자와 그 의미를 배제하고 고유어 '아메'를 얻음과 동시에 '아메'라는 말의 의미의 **공백**을 발견하지 않을 수 없다. 노리나가는 '아메'에 대해서 내렸던 답을 '가미'神에 대해서도 반복하고 있다. "가미라는 말의 본래 의미는 아직 모르겠다"고. 이것은 한자 서기 텍스트에서 한자의 의미지배를 배제하려 한 노리나가의 주석이 맞닥뜨릴 수밖에 없는 역설적 귀결이다. 노리나가의 주석이 초래한 이 의미의 공백을 어떻게 메워 갈 것인가는 그의 국학사상의 문제이다.

6. 먼저 '야마토고토바'가 있었다

『고지키』의 한자표기 텍스트에서 노리나가가 발견한 고유 언어 '야마토고토바'의 훈독은 이와 같은 방식으로 가능했다. 무엇이 이를 가능케 했는지 다시 정리해 보자. 먼저 노리나가는 『고지키』에 대해 확실한 제작의도를 가진 작자를 설정했다. 그 제작의도는 전승 고어를 그대로 후세에 전하는 데에 있었다. 노리나가의 이런 제작의도 이해는 한자에 의한 서기화 작업에 앞서 구송 전승이 존재했다는 확신과 불가분의 관계에 있다. 『고지키』는 이 구송 전승을 전제로 하여 전승의 고어에 충실한 텍스트를 작성하려는 의도를 가진 제작자의 손에 의해 성립되었다는 것이다. 따라서 『고지키』를 읽는 것은 이런 제작의도에 따라 전승 고어를 텍스트에서 훈독하는 것이어야 한다. 그렇지만 구송 언어에서 보면 텍스트는 이중의 타자성을 짊어진 한자에 의해 표기된 것이다. 노리나가는 이 한자표기 텍스트가 갖는 장애를 극복하기 위해 한자를 '임시 글자'로 간주하였다. 한자는 구송의 고유 언어 '야마토고토바'를 표기하기 위한 단순한 수단이며, '임시 글자'라는 것이다. 이렇게 해서 노리나가는 『고지키』의 한자표기 텍스트에서 아름다운 고어 '야마토고토바'를 훈독하려한 것이다. 노리나가는 이와 같이 훈독하는 것을 올바른 '고훈'으로 보고 '고훈고지키'로 훈독의 권위화와 일반화를 도모한다.

그런데 『고지키전』의 주석문에 보이는 '고훈'의 훈독 과정은 이미 살펴본 바와 같이 실제의 주석작업 과정의 전도로 이루어진 것이었다. '훈독'이란 본래 한문 텍스트의 성립을 전제로 하고 있는, 일본어에 의한 사후적인 독해 작업이다. 『고지키』가 훈독되는 것을 전제로 한 '변체한 문체'로 이루어진 텍스트라 해도, 훈독은 한문 텍스트에 대한 사후적인 해독 작업이다. 그러나 노리나가는 『고지키』 텍스트의 성립에 앞선 사선의 고어 '야마토고토바'를 훈독하려 했고, 실제로 훈독했다고 믿었다. 노리나가가 '고훈'이라고 하는 사전의 고어는 오히려 사후적으로 훈독된 것으로, 굳이 말하자면 창출된 '야마토고토바'라 할 만한 것이다. 사실 '고훈고지키'는 헤이안平安 왕조적이며 노리나가 자신이 추천하고 장려하는 우아한 문장으로 이루어진 것이다. 이와 같이 그는 『고지키』를 통해 일본의 규범적인 고전적 아문雅文을 훈독, 아니 창출해 갔다.

『고지키』는 한자문화가 일본에서 변용되며 전이된 장대한 실험사례였다고 앞에서 말했다. 그렇지만 노리나가는 『고지키』에서 한자의 의미 지배, 즉 한자문화의 지배를 배제함으로써 일본 언어와 문화의 고유성을 읽어 갔다. '일본어'(야마토고토바)의 고유성이야말로 『고지키전』이 근대 일본에 가져온 최대의 선물이었던 것이다.

해독 3. 제사국가 일본의 이념과 그 성립
— 미토학과 위기의 국가신학

"옛말에 이르기를 나라의 대사는 제사와 전쟁에 있다고 했다. 전쟁에는 일정한 전략이 있고, 제사는 불발不拔의 업이니 실로 국가의 대사라."

— 아이자와 세이시사이会沢正志斎, 『신론』新論

1. '천조'라는 한자어

"천황은 천조天祖의 유체遺体로 대대로 천업天業을 전하고, 모로카미[1]는 신명神明의 주예[2]로서 대대로 천공天功을 돕는다. 군주는 백성을 적자赤子처럼 보살피고, 백성은 군주를 부모처럼 우러른다. 억조億兆가 마음을 하나로 하여 만세에 변함이 없다."

이것은 『대일본사』大日本史 「지」志 제1의 서두에 나오는 문장이다. 여

---

1) 모로카미(群神). 많은 신을 의미한다.—옮긴이
2) 주예(胄裔). 혈통, 자손을 의미한다.—옮긴이

기서는 천조, 곧 아마테라스오미카미天照大神를 궁극의 제사 대상으로 하는 천황적 국가 일본의 국체가 간결한 한문체로 잘 기술되어 있다. 이는 또한 근대 일본의 조칙詔勅에서 국사 교과서에 이르기까지 천황적 국가 일본에 대한 기술 중 모범 문장이라 할 수 있는 것으로 미토학水戶学에서 '천조'天祖 개념의 재구성과 함께 성립된 것이다.

　　1890년 제1회 제국의회 개최에 즈음하여 전국의 신직神職과 신관神官의 유지有志는 신기관神祇官의 설치를 요망하는 진정서를 의회에 제출했다. 이 진정서에는 "실로 우리나라는 천조의 황손에게 수여된 것으로 성자聖子와 신손臣孫이 대대로 이어져, 이에 2551년 보조[3]가 내려 천양[4]과 함께 궁색함이 없으니, 황상은 곧 천조의 유체이시고, 우리 4천만 신민은 곧 황예皇裔의 신손이 아닌 자가 없다"[5]고 쓰여 있다. 여기에 천상을 주재하는 중심 신이자 황통의 시조이기도 한 천조, 즉 아마테라스오미카미로 수렴되는 경신숭조敬神崇祖의 심성으로써 비할 데 없는 형태로 구성되는 신기神祇적 국가결합체로서의 일본에 대한 정형적인 담론이 제시되어 있다. 이 신기관 설치 진정서에서 엿볼 수 있는 신기적 국가 일본의 담론은 이념적으로나 담론적으로나 1870년 1월의 대교선포의 조칙[6]을 원형으로 삼고 있다. 이 조칙은 "짐이 공손히 생각하건대, 천신천조께서 천황의

---

3) 보조(寶祚). 천황의 보위를 가리킨다.—옮긴이

4) 천양(天壤). 하늘과 땅을 가리킨다.—옮긴이

5) 「神官有志神祇官設置陳情書」(1891년 1월), 『宗教と国家』(安丸良夫·宮地正人 編, 日本近代思想大系 5), 岩波書店, 1988.

6) 대교(大敎)선포의 조칙은 1870년(메이지 3년) 1월 3일 신기관 신전에서 행해진 국가 제전과 선교 개시에 즈음하여 진제(鎭祭)의 조칙과 함께 내려졌다. 이것은 천황이 신기적 국가의 제주(祭主)임과 동시에 교주라는 점을 명확히 한 것이다.

지위[極]를 세우고 통치[統]를 하시니 대대로의 천황[列皇]이 서로 계승하여 이것을 잇고 이것을 말해 왔다. 제정이 일치하고 억조가 동심하니, 치교治敎가 위로 분명하고 풍속이 아래로 아름답다"고 제정일치적 국가이념의 바탕을 천조에 두면서 '모든 법도를 새롭게 한'[百度維新] 국가 신생의 이때에 즈음하여 '치교를 분명히 하고 이로써 오직 신의 뜻 그대로[惟神]의 대도大道를 선양'해야 한다는 점을 말하는 것이었다.

여기서 아마테라스오미카미는 '천조'로 지칭되어 황통의 시조임과 동시에 신기적 국가 일본의 시원始原적 중심으로 여겨졌다. 아마테라스오미카미를 천조라고 칭하는 것은 메이지 초기부터 신기 관계 문서에 많이 나타나 있다. 여기서는 천조라는 칭호가 이와 같이 한문체적인 문장 속에서 사용되고 있는 데에 주목하고자 한다. 대교선포의 조칙 역시 한문이었는데, 천황의 조칙이 1945년의 종전 조칙에 이르기까지 한문 혹은 한문체라는 데에 우리는 새삼 주목할 필요가 있다. 천황의 조칙이라는 국가경륜國家經綸과 국가주권 행사와 관련된 최고의 권위적 담론이 한문 내지 한문체라는 것은 무엇을 의미하는 것인가. 일본 정치사회의 지배적 담론이 한문적 서기언어라는 점, 일본의 국가적 언어가 한제국의 천하경륜적 언어의 이른바 번역적 전이轉移라는 점을 동시에 의미하는 것은 아닐까.

'천조'天祖라는 말은 천자天子·천주天主·천신天神·천녀天女 등과 함께 한자어이다. 그렇지만 천조는 중국 고전에서 사용된 사례를 발견할 수 있는 한자어가 아니다. 모로하시 데쓰지諸橋轍次의 『대한화사전』大漢和辞典은 '천조'를 '아마테라스오미카미, 황조'라 설명하고, 그 용례를 아이자와 세이시사이의 『신론』에서 인용하고 있다. 그것은 아이자와 세이시사이가『신론』에서 '다이조사이'大嘗祭에 관하여 지적한 문장에 있다. "무릇 천조의 유체로서 천조의 일에 즈음하여 숙연肅然하고 어렴풋하여優然 당초의 몸가짐[儀容]을 오늘에 보면 곧 군신이 보고 느껴[觀感] 양양洋洋하여 천조의 좌우에 있는 것 같다."[7] 여기서는 아마테라스오미카미를 가리키는 천조라는 말이『서경』書經이나『예기』禮記 등 중국 유교 고전 중 조고관祖考觀이나 조령祖靈 · 귀신제사에 대한 서술을 연상케 하는 문장에서 사용되고 있다.『신론』을 비롯한 이른바 후기 미토학에서 천조의 개념은 황조 아마테라스오미카미에 유교적인 천天과 조고祖考 관념을 억지로 붙여서 만든 일본적인 한자어 개념이다. 따라서 천조란 중국적 천관이나 조고관의 번역적 전이로 성립한 일본적 한자어이다. 이 천조 개념의 성립과 함께 서두에서 본 일본의 천황적 국가에 대한 담론 또한 미토학에서 성립한다.

필자는 여기서 천조 개념과 함께 미토학에서 재구성되는 천황적 국가의 중핵적 언사를 해독하고자 한다. 이런 해독은 근대국가의 신화적 주술에서 우리 스스로를 해방하기 위한 것이다.

2.『신론』과 국가적 장계

미토번水戸藩은 도쿠가와 정권하의 일본에서 특이한 위치를 차지하고 있었다. 쇼군將軍가의 친번親藩으로 도쿠가와 정권을 뒷받침하는 대들보임

---

7) 会沢正志斎,『新論』, 1825,「国体上」;『水戸学』(今井 · 瀬谷 · 尾藤 編, 日本思想大系 53), 岩波書店, 1973. 다만『대한화사전』이 예문으로 인용하고 있는 것은 이대로가 아니다. 또한 본고에서의『신론』인용에는 이와나미 문고판(쓰카모토 가쓰요시塚本勝義 역주)도 참조하였다.

과 동시에 번주를 중심으로 미토학으로 불리는 역사적 국가의식을 가진 학문을 형성해 갔다. 대외적 위기에 직면한 근세 후기 사회에서 미토 번은 강한 국가의식에 입각한 혁신적 정치이데올로기의 발신지가 되었다. 3대 번주 도쿠가와 미쓰쿠니가 시작한『대일본사』[8] 편찬 작업은 역사주의적인 국가학의 성격을 띤 미토번 학문, 즉 미토학을 형성해 갔다.『대일본사』는 주자학적 대의명분론에 서서 기전체紀傳體 풍으로 천황통치의 정통적 계보와 통치세계를 더듬은 역사기술이다. 도쿠가와 정권이라는 무가정권하의 근세 일본에서 미토번이 기도한 천황과 조정통치의 정통성을 통사적으로 변증하는 따위의 역사편찬 시도는 이 수사修史 사업에 관여한 사람들에게 무가지배하의 일본을 넘어 **일본국가**에 대한 관점을 부여했다. 근대 일본에서 미토번의 존황사상으로 회고되고 존중된 역사적인 국가적 관점이 이들에게 성립한다. 이『대일본사』편찬 작업과 함께 형성된 이른바 미토학은 후술하는 바와 같이 선왕의 도를 설명하는 소라이학徂徠學의 수용을 통해 국가사회의 제도습속에 대한 관점을 획득하고, 이른바 후기 미토학에서 국가경륜의 논의도 가능하게 되었다. 그리하여 19세기 초에 일본이 직면한 대외적 위기는 후기 미토학에서 필자가 '위기의 정치신학'이라고 부르는 새로운 국가경륜의 논의를 낳게 된다. 그것은 제사적 국가이념을 핵으로 하여 국가의 재구축을 도모하려

---

8) 『대일본사』(大日本史) 397권은 도쿠가와 미쓰쿠니(德川光圀)의 명에 의해 1657년에 편찬을 개시해 미쓰쿠니 사망 후에도 미토번의 수사(修史)사업으로 계속되었다. '기(紀)·전(傳)' 부분은 1806년부터 1849년에 출판되었다. 그러나 '지(志)·표(表)'의 편찬은 난항을 겪으며 1906년에야 비로소 완성되었다. 메이지의 천황적 국가 형성과 나란히 그 역사적, 이념적인 기술 작업이 계속되었다고 할 수 있다.

는 것이다. 미토번의 학자 아이자와 야스시會沢安(호는 세이시사이, 1782~1863)의 『신론』新論(1825년 성립)은 위기 시의 국가경륜에 관한 논의를 대표하는 저작이다. 『신론』은 동시대의 많은 혁신적 무사들에게 지지를 받았고 그들의 정치적 논의의 형성에 큰 영향을 미쳤다. 그뿐만 아니라 메이지 국가 설립에 즈음하여 국가이념 형성에도 큰 영향력을 발휘했다.

아이자와 야스시는 19세기 초 일본이 직면한 국가적 위기에 즈음해서 취할 최종적인 대응책은 일정불변의 장기적 계략이어야 한다고 『신론』에서 설명하고 있다. 일본이 직면한 것은 대외적 위기일 뿐만 아니라 대내적 위기이기도 했다. 도쿠가와 정권이 대외적 위기에 대응할 수 있는 국가적 체제나 능력을 갖추고 있지 않았기 때문이다. 위기의식이 첨예해질수록 위기에 대한 대응책은 국가의 재통합, 재구축을 찾아 근본적이고 장기적인 전망에 기반한 것이어야 했다. 「국체」의 장章으로 시작되는 『신론』 마지막 장의 제목은 「장계」長計이다. 「장계」의 장에서 아이자와는 "영웅을 보면 반드시 먼저 천하를 대관大観하고, 만세를 통시通視한 후에 일정불변의 좋은 계책[長策]을 세운다. 규모는 먼저 내부를 안정시키고 난 후에 외부의 무궁한 변화에 응한다"[9]고 말한다. 위기를 만난 일본이 취해야 할 장기대응책, 그 장기전망의 지평에 근대국가 일본이 있다. 그렇지만 그것은 아이자와의 시선 앞에 근대국가 일본이 보이고 있었는지의 여부가 아니다. 일본의 당연한 국가적 체제가 무엇인가 하는 인식과 그 확고한 정립의 주장, 즉 '국체' 논의로 시작되는 아이자와의 위기 시의 정치적 담론은 불가피하게 장래의 당위적 국가 책정을 포함할 수밖에

---

9) 『신론』 인용은 『미토학』(日本思想大系 53)에 수록된 텍스트에 의거하고 있다.

없다는 것이다. 그 국가는 안정된 내부에 의해 외압적 위기에 대응할 수 있는 확고한 기반에 선 국가여야 한다. '장계'는 그러한 국가를 위한 장기전략이다. 『신론』의 장기전략은 먼 미래를 내다보기에 앞서 새로운 국가를 갖지 않을 수 없는 것이다.

『신론』 혹은 후기 미토학이 메이지유신으로 수립된 신국가에서 차지하는 의미는 이 장기적 경략經略 속에서 스스로가 취해야 하는 국가체제의 이념적 윤곽을 신국가가 발견할 수 있었다는 점에 있을 것이다. 동시에 근대 일본국가 형성의 전제가 되는 근대국가 이념의 고고학archeology으로서의 검증 작업에서 『신론』이 갖는 의미 또한 이 점에 있다. 즉 『신론』의 장기계략은 어떻게 해서 도래할 국가를 위한 이념을 가질 수 있었는가 하는 것이다. 혹은 유학의 역사적 담론으로서의 미토학에서 어떻게 새로운 국가체제(국체) 이념이 형성되었는가 하는 것이다.

아이자와의 국가를 위한 장계·장책을 둘러싼 『신론』의 언사는 곧바로 일본의 역사적 시원을 회상한다. "옛날에 신성神聖이 오랑캐[夷狄]를 물리치고[攘斥] 나라[土宇]를 개척하게 한 까닭은 이 도에 의하지 않은 것이 없다. 따라서 중국은 언제나 일정한 계략을 가지고 오랑캐를 제어하고 불발不拔의 업으로써 황화皇化를 선포하였으니"라고. 여기서 회상되고 있는 것은 초대 진무神武 천황의 동정東征과 조국肇國이라는 일본국가의 역사적 시원이다. 『대일본사』 편찬 작업을 축으로 한 미토학에서 국가경륜의 담론은 역사를 일깨우면서 역사적 경륜에 관한 담론으로 전개된다. 일본의 역사적 시원 혹은 역사적 획기劃期를 재현함으로써 현상의 혁신에 대해 말하는 유신의 담론은 그야말로 미토학적인 것이었다. 또 한 가지 덧붙이자면, 위의 인용문 가운데 '중국'이라고 호칭되고 있는 것은 일본이지 중국이 아니다.『신론』에서 **진짜 중국**은 '만청'滿淸으로 호칭되고 있다.[10] 동아시아의 중화주의적 정치지도의 중심 이전이 이미 시작된 것이다. '중국'이라는 호칭과 함께 동아시아에서 차지해야 하는 일본의 중심적 위치가『신론』에서는 이미 선취되고 있다. 그렇다면 아이자와는 스스로 '중국'을 칭하는 일본의 장래 국가를 위해 역사에서 무엇을 회상하려고 하는가.

3. 제사적 사적의 회상

"옛날에 천조께서 신도神道로 가르침을 세우고 충효를 명확히 하여 사람의 도리[人紀]를 세웠다"고 일본 국체이념의 천조에서의 시원을 말하는『신론』의 역사 회상은,『니혼쇼키』에서 "어려서 웅대한 계략[雄略]을 좋아하셨다. 이미 장성하여 널리 근신하고 신기神祇를 굳게 숭상하셨다. 언제나 천업天業을 다하고자 하는 마음을 품고 계셨다"[11]라고 서술된 스진崇神천황의 신기제사 사적事蹟에 집중한다. 그리고 고대의 천황국가가 현재의 제사로 통합된 제사적 국가로 회상된다.

『신론』은 먼저 스진기 6년의 "그러므로 아마테라스오미카미에 대해서는 도요스키이리히메노미코토豊鍬入姬命에게 부탁하여 왜倭(야마토)의 가

---

10) 명(明)과 청(淸)의 교체에 따른 일본에서의 중국관 변용은 18세기 후기의 '지나'(支那)라는 호칭의 일반화를 가져온다. 그리고 황국의식의 등장과 함께 중국에 대한 이질적 타자화가 진행되고,『신론』에서 이러한 자타 호칭의 성립을 보기에 이른다. 子安宣邦,「大いなる他者—近代日本の中國像」,『'アジア'はどう語られてきたか』, 藤原書店, 2003 참조.

11)『日本書紀』, '崇神紀 六年'의 기술. 훈독은『日本書紀』(坂本太郎 外編, 岩波文庫, 1965)를 따름.

사누이노무라笠縫邑에서 제사 지내셨다. 그리고 시카타키磯固城의 히모로기神籬[12]를 세우셨다"는 사적을 통해 뚜렷하고 분명[顯然]하게 궁정 밖에서 신기神器를 제사 지냄으로써 천황은 천하에 "천조를 존중하고 조정을 경애하는" 까닭을 알게 하였다고 설명한다. 더욱이 아이자와는 "천황은 곧 이를 밖에서 제사 지냄으로써 공공연히 천하와 함께 공경하여 섬기고 [敬事] 정성을 다해 공경[誠敬]하는 뜻을 천하에 밝히시어 천하는 말 안 해도 깨닫는다"고 그 의미를 상술해 간다. 『역』易에서의 "성인은 신도神道로 가르침을 세우고 천하를 복속하니"[13]라는 언사를 천조에 의한 문맥으로 전이시켜 "천조께서 신도로 가르침을 세우고, 운운"하며, 『신론』은 천황 스스로 조고(천조)를 받드는 제사행위가 아래 백성에게 천황에 대한 경앙[14]과 외복[15]의 심정을 저절로 배양하게 하는 것이라고 설명한다. 중국의 '성인'이 일본의 '천조'라는 조고 개념으로 번역적으로 전이됨과 동시에 중국의 '신도' 역시 조고를 제사 지내는 일본의 '신기神祇의 도'로 전이된다. '신도로 가르침을 세운다'는 『역』의 언사는 신기제사가 인민 교화에서 갖는 중요성을 설명하는 신기적 제사국가의 언사가 된다.

중국 고대의 경서적 세계에서 일본의 제사적 국가를 이념적으로 뒷받침하는 언사를 이끌어 내기 위한 해독 코드를 미토학에 제공한 것은

---

12) 고대 일본에서 신령이 머무른다는 산이나 나무 둘레에 상록수를 심거나 울타리를 친 곳으로, 후에는 널리 신사를 일컫는 말이다.—옮긴이
13) 『역경』(高田眞治·後藤基巳 訳, 岩波文庫, 1969)의 역자는 「관괘」(觀卦)의 '단사'(彖辭)를 이렇게 번역하고 있다. "신성한 천도를 우러러보면 사시의 순환은 조금도 정상이 아닌 것이 없다. 성인도 이에 준해 신성한 도리에 따라 정교를 설정하기 때문에 천하의 사람들이 이를 신뢰한다."
14) 경앙(敬仰). 존경하여 우러른다는 뜻이다.—옮긴이
15) 외복(畏服). 두려워 복종한다는 뜻이다.—옮긴이

오규 소라이[16]의 '선왕의 도'의 고학古學이다. 미토학에서의 소라이에 관한 부분은 나중에 논할 것이다. 여하튼 미토학에서 일본의 역사적 시원으로 거슬러 올라가 행해진 도래할 국가를 위해 이념을 재구성하는 작업은 끊임없이 중국 고대의 경서적 세계로부터의 인증, 혹은 그 세계와의 대조를 통해 이루어진다.[17] 천황의 신기제사를 둘러싼 역대 사적에 아이자와가 『신론』에서 덧붙인 주석적 설명은 『상서』尚書 등에서의 인용으로 채워져 있다. 일본의 고대 신기사神祇史가 『상서』의 관점에서 재해석되는 것이다. 그 해석 코드가 소라이학이라는 것은 후술하는 바와 같이 국가에서 제사가 갖는 정치적 의미가 지금 자각적으로 제기되는 것을 의미한다. 아이자와나 미토학에서 역사의 제사적 사적에 대한 회상은 그들의 국가경륜 입장이 바야흐로 국가제사론을 요구하고 있다는 것을 의미한다. 위기에 처한 국가가 확고한 국가적 통합을 위하여 제사적 체제를 필요로 한다는 것이다. 이것은 다음 절에서 논하는 바와 같이 『대일본사』 편찬 작업의 구조적 전환으로 이어지는 문제이기도 하다.

『신론』은 또한 스진기 7년 11월의 "오타타네코大田田根子를 오모노누시노오카미大物主大神를 제사하는 가무누시[主][18]로 삼았다. 또 나가오치長尾市를 왜의 오쿠니타마노카미大国魂神를 제사하는 가무누시로 삼았다. 그

---

16) 오규 소라이(荻生徂徠, 1666~1728). 에도 중기의 유학자, 사상가로 겐엔주쿠(蘐園塾)를 열어 소라이학파를 형성했다. 『정담』(政談), 『변도』(弁道), 『변명』(弁名), 『논어징』(論語徵) 등의 저서가 있다.─옮긴이
17) 19세기의 일본국가의 재구축은 중국 고대국가의 번역적 전이로서의 일본 고대국가의 형성을 다시 한번 새롭게 더듬으려 한다. 그러나 지금 여기서 중국 고대국가의 번역적 재전이에 즈음해서 해석 코드를 이루는 것은 소라이학이다.
18) 제사의 주재자를 가리킨다.─옮긴이

후 다른 신을 제사하는 일을 점치니 좋다[吉]고 나왔다. 별도로 80만의 모로카미[群神]를 제사했다"는 기술에서 조정에 의한 제사적 통합의 사적을 읽어 간다. 즉, "오모노누시·야마토쿠니타마[倭国魂]를 제사하는 것은 대대로 지방에 붙박여 사는 사람들[土人]이 존경하는 바에 따라 제사의 질서[秩]를 세웠다. 그리고 경기[畿甸]의 민심이 연계[繋屬]되는 바가 있어 똑같이 조정을 받들었다. 이 뜻을 받들고 이를 사방에 이르게 하며 아마쓰야시로[天社]·구니쓰야시로[国社]를 정해 천하의 신사 중 통솔되지 않는 곳이 없다. 그리고 천하의 민심이 연계되는 바가 있어 같이 조정을 받들었다"는 것이다.

조정은 지방을 정토[征討]하면 지방의 공렬[功烈]이 있는 자를 그 자손이 제사하게 하여 그 땅을 진압했다. 다시 말해 조정은 제사적 질서 아래 지방을 통합해 갔다는 것이다. 각각의 지방, 여러 씨족에 대한 조정의 정치적 지배와 통합은 제사적 질서 아래에서의 통합으로 진행되었다는 역사적 사적이 19세기 초 일본에서 뜨거운 시선을 받으며 회상된다. 『신론』의 「장계」의 장은 『니혼쇼키』의 스진·스이닌기[崇仁紀]나 『엔기시키』[19)에 의거하는 동시에 주 왕조의 제사적 사적을 인용하면서 제사적으로 통일된 일본 고대국가를 역사적 규범으로 확립해 간다. 이것이 19세기의 **제사적 국가이념의 재구성**이다.

---

19) 『엔기시키』(延喜式), 헤이안(平安) 시대(781년 간무[桓武] 천황이 즉위한 때부터 가마쿠라 바쿠후鎌倉幕府가 등장하는 1198년 고토바後鳥羽 천황 때까지의 시기)에 편찬된 격식(格式; 율령의 시행 세칙)이다.─옮긴이

4. 소라이의 귀신제사론

미토학에서 제사적 국가를 둘러싸고 고대 일본에 관한 회상적 관점이 성립하는 것은 18세기의 교호亨保에서 분카文化 초기에 걸쳐 미토번의 수사修史사업에서 이루어진 전환을 통해서였다. 비토 마사히데尾藤正英는 그 시기에 『대일본사』 편찬 작업의 주도권이 다치하라 스이켄立原翠軒, 1744~1823에서 후지타 유코쿠藤田幽谷, 1774~1826의 손으로 넘어가면서 『대일본사』 편찬의 주안점이 "인물 본위의 기전紀傳 편찬에서 제도사적인 지표志表의 편찬으로" 바뀌었다고 해설하고 있다.[20] 미토번의 수사사업에서 주된 관심이 제도사적 기술로 이행된 것은 비토가 지적하는 바와 같이 '예악형정禮樂刑政의 도'라는 사회제도적 체계에 대한 소라이학적 관점이 수사사업 수행자들에게도 공유되고 있었다는 것을 의미한다. 더욱이 신기사적 기원에 대한 관심 때문에 『대일본사』 「본기」本紀 제1의 서두에 할애된, 신대사神代史를 전제로 한 아마쓰카미구니쓰카미天神地祇의 사적을 둘러싼 신기사적 기술이 「지」志 제1에서도 기술되는 것을 보면, 모토오리 노리나가 등의 국학적 관점 역시 그들 사이에서 공유되고 있었던 것도 분명할 것이다. 여기서는 오규 소라이의 귀신론 혹은 제사론을 되돌아보면서 『신론』 혹은 미토학에서의 고대 제사국가에 대한 역사적 회상의 의미를 명확히 하고자 한다.

오규 소라이가 쓴 '사의대책귀신일도'私擬對策鬼神一道라는 문장이 있

---

20) 尾藤正英, 「水戸学の特質」, 『水戸学』 解説(日本思想大系 53), 岩波書店, 1973. 이 해설은 미토학의 형성을 둘러싸고 많은 시사점을 주고 있다.

다. 아마도 이것은 동시대의 주자학적 지知에 영향을 받은 아라이 하쿠세키[21]의 저서 『귀신론』鬼神論 등을 전제로 하여, 소라이 자신의 고학적 견지에 의해 귀신문제 이해를 시도하며 겐엔[22]의 학생들에게 제시한 문장일 것이다. 이 문장은 아이자와 등과 동시대에 속하는 국학자 히라타 아쓰타네平田篤胤, 1776~1843의 『신귀신론』新鬼神論에서 유교 귀신론의 유력한 유형적 담론 중 하나로 인용되고 있다.[23] 그것은 『소라이집』徂徠集에 실린 이 문장이 귀신제사를 둘러싼 그의 다른 담론들과 함께 히라타나 아이자와 등이 속한 시대의 귀신론적 문제에 관심을 갖는 사람들 사이에서 공유되었다는 점을 나타내는 것이기도 하다. 그런데 이 문장에서 소라이는 조상제사가 성립하기 이전의 이른바 자연상태의 인간에 대해 논하면서 이렇게 말하고 있다.

성인이 아직 홍기하지 않았을 때 백성은 흩어져 통일이 없고, 어미 있는 줄은 알아도 아비 있는 줄은 몰랐다. 자손들 모두가 그러하였다. 그 땅에 살고 물질을 향유하면서도 근본이 되는 곳을 알지 못했다. 죽어도 장사 지내는 일 없고, 죽은 자를 제사 지내는 일도 없었다. 새나 짐승[鳥獸]과 떼 지어 죽고[殂落] 초목과 함께 시들었다[消歇]. 백성에게 행복은 없었다. 아마도 사람이 극한에 빠졌을[斃] 것이다. 따라서 성인이 귀신[鬼]을 제어하여 백성을 통일하고 종묘를 세워 이곳에 두고 제사를 받들어 모시는

21) 아라이 하쿠세키(新井白石, 1657~1725). 에도 중기 시대의 정치가로 도쿠가와 바쿠후 제6대 쇼군 이에노부(家宣)와 제7대 쇼군 이에쓰구(家繼) 시대에 정권을 담당했다.—옮긴이
22) 겐엔(蘐園). 오규 소라이 일문(一門)을 가리킨다.—옮긴이
23) 이 소라이의 문장을 인용하는 아쓰타네의 귀신론에 관해서는 필자의 논문 「'鬼神'と'人情'」, 『(新版)鬼神論—神と祭祀のディスクール』, 白澤社, 2002 참조.

관직[宗伯]을 만들어 이를 제사 지내게 했다. 그의 아들 성씨가 백관百官을 이끌고 이를 수행했다. …… 예악정형은 이로부터 나왔다. 성인의 가르침의 지극함이라.[24]

성인이 부모를 장사 지내고 조상을 제사 지내는 방식을 사람들에게 가르치기 전까지 사람들은 단지 새나 짐승 같은 생사를 반복하고 있었을 뿐이라고 소라이는 말한다. 또한 "성인이 귀신을 제어하여 백성을 통일하고, 운운" 하며 인민 최초의 공동체적 통합이 귀신제사를 통해 이루어진 제사적 통합이었다는 점을 성인의 제작이라는 논리로 말하고 있다. 이것은 인간의 원초적 공동체 형성에 대한 관점을 지닌, 드문 유가적 문장이라 할 수 있다. 인민의 공동체적 통합으로서 귀신(사령死靈·조령祖靈) 제사의 의미를 이해하는 유가에서 귀신의 존재는 부정되지 않는다. 유귀론有鬼論이야말로 그들의 입장이다.[25] 그리고 인민의 가장 좋은 공동체적 통합이 제사에 의해 이루어진다는 것을 인식하는 위정자에게 제사는 가장 좋은 정치적 교화의 기술이며 확실히 제사祭事(마쓰리)와 정사政事(마쓰리)는 일치한다. "성인은 신도로 가르침을 세운다"는 『역』의 말은 바로 이를 의미하는 것으로 여겨진다. 귀신 혹은 조상 제사를 둘러싼 소라이의

---

24) 『徂徠集』 卷十七. 필자가 다시 고쳐 쓴 것이다.
25) 필자는 유가 귀신론을 귀신제사·귀신신앙에 대한 유가 지식인의 이해의 담론으로서 유귀론적 담론, 무귀론적 담론, 그리고 유귀·무귀를 불문하는 귀신의 해석적 담론 등 세 종류로 유형화하였다. 귀신제사의 정치적·사회적 의의를 적극적으로 이해하는 소라이의 입장은 대표적인 유귀론이다. 필자는 이토 진사이(伊藤仁齊)의 윤리적 입장을 대표적인 무귀론으로 보고 있다. 주자학의 입장이 그 세번째로 근세 일본에서 대표적인 것은 아라이 하쿠세키이다. 자세한 내용은 필자의 앞의 책 『〈新版〉鬼神論—神と祭祀のディスクール』참조.

몇 가지 논의를 여기에 인용해 두겠다. 이들 담론은『신론』및 미토학의 제사론이 소라이적 담론에 근거함으로써 비로소 이루어진 것이라는 점을 확실히 보여 주고 있다.[26]

귀신이란 것은 선왕이 세웠다. 선왕의 도는 하늘을 기초로 하여 천도를 받들어 행하고 조상을 제사하여 하늘에 합한다. 이것이야말로 도가 의거하는 바이다. 그리하여 말하기를 "귀鬼와 신神을 합하는 것은 가르침의 극치이다"라고 한다.[27]

미토학에서의 새로운 '천조' 개념의 전개는 여기서 소라이가 "조상을 제사하여 하늘에 합한다"고 한 말에 의거하고 있다. 하늘을 받들어 행하는 선왕의 천하안민의 치도는 조상을 제사하는 것을 통해 이루어지는 통합의 가르침이다. "조상을 제사하여 하늘에 합한다"는 것은 제정일치적 치도를 가능케 하는 근거이다. 이러한 소라이의 제사론적 관점은 미토학에 일본신대사·고대사에 의한 '천조' 개념과 그것에 기초한 제정일치적 통치이념의 재발견 혹은 재구성을 가져왔다. 또한 소라이는『예기』의 "귀鬼와 신神을 합하는 것은 가르침의 극치이다"(「제의」祭義편)를 죽은 조상[祖考, 人鬼]을 하늘[天神]에 합하는 것이라고 해석하고 있다. 같은『변명』에서 "제帝 또한 하늘이다. 중국의 유가[漢儒]는 천신의 존귀한 자라 말

---

26) 오규 소라이의 사상적 담론이 미토학 및 국체론의 형성에 대해 갖는 영향관계와 관련해서는 尾藤正英,「國家主義の祖型としての徂徠」,『荻生徂徠』解説(日本の名著 16), 中央公論社, 1974 참조.

27)『弁名』,「天命帝鬼神」章(『荻生徂徠』, 日本思想大系 36, 岩波書店, 1973).

한다. …… 하물며 오제五帝의 덕은 하늘과 같아 제사하여 합하니 하늘과 다를 바 없다"고 말하고 있다. 이는 미토학에서 재구성된 '천조' 개념의 배경을 새삼 돌아보게 한다. 소라이학이 미토학에 미친 영향관계를 논할 때 종종 인용되는 『소라이집』의 또 다른 문장을 보자.

> 육경六經에 밝다 해도 무엇을 칭한다고 해서 하늘이 아니다. 예는 반드시 제사에 있고, 일에는 모두 제사가 있다. 두려워 벌벌 떨며 단지 귀신에게 죄를 짓는 것을 두려워한다. 성인이 신도로 가르침을 세운 것이 어찌 비교해 보아 분명치 않으리오. …… 재주가 없는 나는 태어남이 늦어 아직 우리 동방의 도를 듣지 못했다. 그렇더라도 은밀히 이것을 우리나라에서 보니 천조는 하늘을 조상으로 하며 정치는 제사이고 제사는 정치이니 신사에서 사용하는 물품[神物]과 관의 소유물[官物] 사이에 구별이 없다. 신인지 사람인지, 백성이 지금에 이르기까지 이를 의문시하였다. 이로써 백세에 왕이라 해도 아직 변함이 없다. 이른바 몸을 감추는 것의 견실함인가 아닌가. 후세에 성인이 중국에서 흥하는 바 있다면 곧 반드시 이것을 취할 것이다.(「구사본기해舊事本紀解의 서문」)[28]

고대 중국의 선왕의 도에 비유되는 도가 동방의 백성 나라에 있었다는 말은 들어 보지 못했다. 그러나 소라이는 일본의 고대사를 보면 "하늘을 조상으로 한" 아마쓰미오야노카미天祖神가 존재하고, 천조제사를 핵으로 한 조정정치는 그야말로 제정일치였으며, 고대 조정의 통치는 "신도

---

28) 『徂徠集』 卷之八(『荻生徂徠』, 日本思想大系 36, 岩波書店 수록). 필자가 문장을 다시 고쳐 씀.

로 가르침을 세웠다"는 성인의 도의 취지를 구현한 것이라는 점을 알 수 있다고 말하고 있다. 우리 인민이 '신인지 사람인지'를 구분하기 어려운 존재인 천자는 인민의 제사적 통합을 훌륭하게 수행하는 존재이다. 만약 후세의 중국에서 새로운 제작자·성인이 출현하면 이 동방 나라의 제정일치의 도를 틀림없이 채용할 것이라고 소라이는 말하고 있다. 확실히 후세 청나라 말기의 중국에서 신생국가 일본의 최고 제사자 천황에 주목한 것은 광서제光緒帝와 그의 조언자 캉유웨이였다.[29] 그러나 그에 앞서 미토의 아이자와 등은 소라이에 따라 일본고대사에서 천조와 제사적 국가의 이념을 재발견하고 있다. 이는 이미 인용한『신론』의 "옛날에 천조께서 신도로 가르침을 세우고 충효를 명확히 함으로써 사람의 도리[人紀]를 세우셨다"라는 문장을 통해 경서상의 성인의 언사를 일본 신기사적 언사로 번역적 전이를 시켜 표현하고 있는 것에서 알 수 있다. 동시에 이 말은 소라이가 일본 고대사에서 찾아낸 것에 대한 훌륭한 미토학적, 즉 국체론적 담론화이다.

5. 국가적 위기와 민심

국가와 괴리된 민심의 혼란으로 초래된 19세기 초 일본의 국가적 위기에 대해 아이자와 등은 깊은 우려 속에서 대응책 마련에 분주했다. 괴리된

---

29) 1898년 무술(戊戌)유신에 즈음해서 캉유웨이(康有爲)는 공자교의 국교화를 상주한다. 이 국교화 즈음에 캉유웨이에게 시사점을 준 것은 천황을 최고의 제사자로 한 제사적 국가로서의 일본의 새로운 형성이었다. 공자교 국교화를 둘러싼 문제에 대해서는 필자의 논문「近代中国と日本と孔子教」,『'アジア'はどう語られてきたか』, 藤原書店, 2003 참조.

민심에 대한 우려와 함께 그들이 떠올린 것은 근세 초의 이단과 사교[異端邪宗]의 침해였다. 지척에서 이국선의 출현을 목격한 그들에게 근세 초의 이단과 사교의 침해가 강한 위기감 속에서 상기된 것이다. "후에 이단이 줄지어 일어남에 이르러 대도가 명확하지 못했다. 묘당의 영구적인 조치가 없어 조정은 점차 쇠퇴해 가고 민심은 날로 엷어져 신성神聖의 만세를 유지하는 뜻을 등졌다"는 아이자와의 탄식은 근세 초의 전국戰國 난세와 현재를 이중으로 비추고 있다. 이때 교지狡智에 능하고 일본에 결여된 대경大經·대도大道를 이미 확립한 것처럼 보이는 구미제국의 이단과 사교의 무리들이 옳지 않은 행위[左道]로 민심에 파고들면 민심은 곧바로 농락당할 것이다. 사실상 200년 전 일본에 나타난 것은 "도처에서 사당을 불태우고 오랑캐신[胡神]을 섬겨 민심을 기울게" 한 사태였지 않은가. 이러한 사태의 재현을 두려워하는 것은 결코 기우가 아니다. 확실히 보아야 할 것은 그야말로 위기가 눈앞에 닥쳤다는 점이다. 그럼에도 불구하고 "중국은 아직 불변의 토대를 세우지 못하고 뭇사람[衆庶]의 마음은 흩어졌다 모이고 모였다가 흩어져서[離合聚散] 하루의 계획을 세우는 데 지나지" 않은 상태가 아닌가. 여기서도 아이자와가 '중국'이라고 칭하고 있는 것은 바로 일본이다.

　그렇다면 당시 일본에 필요한 것은 무엇인가? 물론 그것은 동요되고 괴리된 민심을 국가의 중심으로 수렴시켜 국가의 안정적 통합을 가져올 수 있는 것이어야 한다. 소라이는 그것을 선왕의 도술로서의 예악정형의 가르침이라고 말했고, 『신론』은 '성인의 제례[祀禮]'의 가르침이라고 말한다. 다소 길지만 『신론』에서 귀신제사론의 근간을 이루는 문장을 여기에 모두 인용해 보자.

무릇 사물[物]은 하늘보다 위엄이 없다. 따라서 성인은 공손히 받들어[嚴敬欽奉] 하늘로 하여금 사물死物이 되지 않게 하고 백성으로 하여금 두려워 공경하고 복종[畏敬悚服]하게 하였다. 사물은 사람보다 신비롭지 않다. 그 혼백이 정강精强하여 초목금수와 함께 소멸할 수 없다. 따라서 제례를 명확히 함으로써 이승과 저승[幽明]을 다스려 죽은 자로 하여금 기댈 곳이 있게 하여 그 신을 안정시키고, 살아 있는 자로 하여금 죽어 돌아갈 곳이 있다는 것을 알고 그 뜻을 현혹되지 않게 한다. 백성은 이미 하늘의 위엄에 두려워 공경하고 복종하면 하늘을 무고하는 그릇된 말[邪說]에 유혹되지 않고, 이승과 저승에 쑥스럽고 어색[歉然]하지 않으면 즉 사후의 화복禍福에 현혹되지 않는다. 제사를 지내 재앙을 쫓고 복을 빌어[報祭祈禳] 위[上]가 그 일을 맡고, 백성이 위에 물으니 군주 경애하기를 하늘 받들 듯이 하고 옛날을 쫓아 효를 말한다. 사람은 일가[族]를 모아 안으로 정情을 다하면, 즉 조상 생각하기를 아비 경모하는 것과 같아서 민심은 아래로 순해져 괴이하고 망측하며 허망하고 간사한[怪妄不經] 말 따위는 받아들이지 않는다.

위와 같은 아이자와의 문장은 성인의 제례 창시라는 맥락에서 언급되고 있다. 이것은 소라이의 선왕＝성인관을 전제로 하면서 위정자의 국가경륜적 관점에서 언급된 유가적 귀신제사론이다. 성인이 세운 제사의 도(신도)가 인민교화의 도라는 점을 위기의 정치신학으로서 다시 상술한 문장이다. 국가가 민심을 어떻게 안정적으로 확보하는가 하는 과제가 유가의 귀신제사 논리로써 답변되고 있다. 이는 미토학에서 국가제사론이 인민의 사후 안심 요구에도 부응할 수 있는 구제론의 성격도 갖는다는 점을 의미한다. 조상제사란 공동체적 통합을 가져오는 의의를 갖고 있었다. 조상제사가 인민의 사후 안심 요구에도 부응할 수 있는 것이라면, 통합은 인민의 본심에서 우러나온 것이 될 것이다. 지금의 위기에서 국가가 요구하는 것은 그러한 인민의 통합이다.

살아 있는 자에게 사후의 혼이 귀착하는 바를 가르쳐 민심을 궁극적으로 안정시키는 귀신제사(신도)는 성인이 세운 천하안민의 가장 좋은 가르침이다. 성인의 가르침은 미토학에서 '천조의 가르침'으로, 혹은 '신성神聖이 세운 대경大經'으로 언급되면서 국가의 장기적 경략의 기본(대경)으로 제시되어 간다.

천조(아마테라스오미카미)의 가르침에 따라 신성(진무 천황)이 만세에 미치는 배려로서 세운 대경이란 무엇인가. 그것은 제정일치적 국가라는 이념이다. "신성께서 대경을 세움으로써 만세를 유지하시어 전례[30)는 이미 명확해지고 대를 기듭[奕世]해서 존경하여 높이 받들어[尊奉] 옛날 것[舊物]을 그대로 보존[猶存]하는 것이 이와 같다면, 곧 신성의 염려가 미치는 바로 보아야 한다."

6. 죽음이 귀착하는 곳

조상제사에 대한 성인의 가르침이란 "제례를 명확히 함으로써 이승과 저승을 다스려 죽은 자로 하여금 기댈 곳이 있게 하여 그 신을 안정시키고, 살아 있는 자로 하여금 죽어 돌아갈 곳이 있다는 것을 알고 그 뜻을

---

30) 전례(典禮). 왕실의식을 가리킨다.—옮긴이

현혹되지 않게 하는"[31] 것이라고『신론』은 설명하고 있었다. '이승과 저승을 다스린다'는 것은 사람들에게 삶과 죽음의 세계, 저승과 이승을 편안케 하는 것이다. 그러나 이 가르침의 초점은 죽음과 사후를 둘러싼 안심에 있다. 사후의 혼이 진정되는 곳, 즉 저마다의 죽음이 궁극적으로 귀착하는 곳이 명확하다면, 죽은 자도 진정되고 살아 있는 자 역시 안정될 것이라는 것이다. 이것은 종교적 안심론·구제론의 문제이다. 이미 지적하였듯이,『신론』이 국가의 대경으로서 세운 제사적 국가의 이념은 이러한 안심론적 과제를 흡수하고 있다. 그것은 위기에 처한 국가경륜의 입장이 인민의 본심을 바탕으로 한 국가로의 통합을 요구하고 있기 때문이다. 아이자와는 국가가 인민에게 저마다의 죽음이 귀착하는 곳을 명확히 하고 인민의 사후를 안심하게 만들면 그들의 본심으로부터 국가로의 통합이 가능해질 것이라고 말한다.

에도 후기 사회에서 안심론·구제론적 과제는 히라타 아쓰타네의 국학적 담론에 처음으로 등장한다.[32] 아쓰타네의 독자적인 국학사상 성립을 알리는 것으로 여겨지는『다마노미하시라』靈能眞柱라는 저작은 고학 연구자에게 요구되는 야마토고코로大倭心를 견고히 갖기 위해서는 '혼령 행방의 안정'을 아는 것이 불가피하다고 하여 일본신화에 의한 우주생성 과정의 재구성을 통해 '혼령 행방' 문제의 해결을 도모한 책이다.[33] 아쓰

---

31) "明祀禮, 以治幽明, 使死者有所憑, 以安其神. 生者知死有所歸, 以不惑其志." 이 인용은 자필고본을 저본으로 한 이와나미문고판에 의거하고 있다.

32) 구제론을 사상 과제로 한 아쓰타네 국학에 대해서 필자는 일찍이『노리나가와 아쓰타네의 세계』(『宣長と篤胤の世界』, 中央公論社, 1977)에서 그 사상의 전체상과 함께 논한 바 있다. 이 책은 그후 필자의 아쓰타네론과 함께『히라타 아쓰타네의 세계』(『平田篤胤の世界』, ぺりかん社, 2001)에 수록되었다.

타네의 저작에서 이러한 구제론적 과제의 등장은 그의 국학사상이 기존의 학자·지식인들──그 중에는 그의 스승 노리나가도 포함된다──과는 다른 위상에서 성립한 것이라는 점을 나타내고 있다. 강설講說이라는 구어체로 쓴 『고도대의』古道大意 등의 저작들이 있다는 점에서도 아쓰타네 국학사상이 종래의 지식층과는 다른 사람들을 수용자로서 예상하고 있었다는 것을 알 수 있다. 아쓰타네의 이부키노야의 문[34]에 늘어선 사람들이 지방의 신직神職이나 촌락사회의 지도자들이었다는 점을 생각하면, 그들이 접하는 촌민들이 아쓰타네 국학의 최종적인 수용자였다는 것을 추정할 수 있다. 아쓰타네 국학에서의 안심론·구제론적 과제의 추구는 그러한 사람들의 요구에 부응하는 것이기도 했다. 필자가 여기서 아쓰타네 국학을 되돌아보는 것은 『신론』에서 안심론·구제론적 과제를 흡수하면서 성립한 국가제사론의 위상을 생각해 보기 위해서이다.

　『신론』 혹은 후기 미토학은 에도의 쇼군권력에 가장 가까운 친번이면서도 바쿠후권력을 구성하는 관료들과는 다른 정치적 관점과 식견을 가진 미토번에서 미토번주 도쿠가와 나리아키德川齊昭 아래에 모인 새로운 무가 지식층에 의해 구성된 역사주의적 국가경륜 담론이다. 『신론』에서 보이는 미토학은 국가위기의 경세론으로는 처음으로 국가체제를 주제로 하여 그 재구성을 논하기 시작한다. '국체'론은 미토학이었기에 비로소 가능한 논의였을 것이다. 그들의 눈앞에 있는 것이 쇼군과 바쿠후권력을 중심으로 한 국가라 해도, 위기에 직면했을 때의 국가경륜 논의

---

33) 平田篤胤, 『靈の眞柱』, 子安宣邦 校注, 岩波文庫, 1998 및 해설 참조.
34) 이부키노야의 문(氣吹舍の門). 신이 죄나 부정한 것[穢れ; 게가레]을 숨으로 날려 버리는 문을 가리킨다.──옮긴이

는 역사를 거슬러 올라가 국가규범을 찾으면서 당위적인 국가 장래를 책정하지 않을 수 없다. 미토학이 역사를 회상하면서 도래할 국가에 제시하는 것은 제사적 국가이념이었다. 제사적 국가란 제정일치적 체제를 갖춘 국가로서 정치적 국가임과 동시에 제사적 체제를 통합적 기반으로 요구하는 국가이다. 미토학이 재구성한 새로운 '천조' 개념은 이러한 제정일치적 국가 구상을 가능케 한다. 『신론』은 시원적 중심으로서의 천조를 '신을 공경하고 조상을 숭상'敬神崇祖하는 마음으로 받드는 제사적 국가여야 비로소 '억조를 하나'로 한 인민의 통합을 가능케 한다고 말한다. 그 인민은 이미 국민nation을 선취하고 있다.

　『신론』의 제사적 국가론은 여기서 안심론·구제론적 과제도 흡수한다. 아쓰타네 국학은 지방 촌민들을 자기 담론의 수용자로 상정하면서 국학을 신도神道신학적으로 재구성하여 사람들의 안심 요구에 답했다. 이제 『신론』 혹은 미토학은 인민의 본심으로부터 국가로의 통합을 추구하고 역사주의적 유학 담론으로서의 미토학을 보다 정치신학적으로 재구성하면서 안심론적 과제에 대하여 국가경륜의 입장에서 답한다. 여기에 정치신학으로서의 후기 미토학이 성립한다. 『신론』이 장래를 위해 책정한 당위적 국가는 궁극적으로 인민의 죽음과 사후에 대한 물음에 답해야만 한다. 도래할 국가란 천황을 최고의 제사자로 한 제사적 국가여야 하는 것이다.

국체론의 문명론적 해체
—후쿠자와 유키치의『문명론 개략』과 국체론 비판

"이것을 사람 몸에 비유하자면 국체國體는 신체와 같고, 황통皇統은 눈과 같다. 눈빛을 보면 그 신체가 죽지 않았다는 증거가 되기는 해도 일신의 건강을 보존하는 데 있어 눈에만 주의하여 전체의 생기[生力]를 되돌아보지 않는 것은 이치에 맞지 않는다."—후쿠자와 유키치,『문명론 개략』

1. 국체 개념의 기존성

국체라는 말을 가지고 하는 일본국가의 자기신성화, 혹은 자기존엄화 담론은 후기 미토학을 대표하는 아이자와 세이시사이의『신론』(1825년 성립)에서 일찍이 표명되고 있었다.『신론』이 국가적 위기의 정치론으로서 바쿠후 말기의 정치사회에 큰 영향력을 지닌 책이라는 점은 이미 앞 장(해독 3)에서 지적한 바 있다. 국가적 위기의 정치론인『신론』은 따라서 일본국가의 이념 재구축의 과제로 국체론을 바쿠후 말기 사회에 최초로 제시하였다. 아이자와는『신론』을 '국체'國體, '형세'形勢, '노정'虜情, '수어'

守禦, '장계'長計 등 다섯 가지 논論으로 구성하였다. 그는 첫째로 든 '국체'
론의 주지主旨를 "한마디로 말해 국체, 신성神聖이 충효로써 나라를 세우
신 것을 논하고, 마침내 상무尙武하고 백성의 목숨을 중히 여기는 설에 미
친다"[1]고 말하고 있다. 여기에 국체 관념이 원형적으로 나타나 있다. 국
체란 국가 성립의 양태에 의해 설명되는 국가 특유의 체재體裁이며 국가
의 성격이다. 이리하여 일본이 황조신의 올바른 계보를 잇는 천황이 군
림하는 국가이고, 그 천황과의 충성관계에 선 인민으로 이루어진 국가라
는 점, 이것으로써 일본이 세계 무비의 국체로 일컬어지는 까닭이 있다
고 설명된다. 여기에 절대적인, 즉 세계 무비의 국체관이 성립한다. 이 국
체관이 마침내 "짐이 생각건대 우리 황조황종국이 시작된 것은 아득히
먼 옛날 일이고, 덕을 쌓아 올린 것은 깊고 두텁다. 우리 신민이 충과 효
를 다하고 억조億兆가 마음을 하나로 하여 대대로 그 아름다움을 이룬 것
은 우리 국체의 정화로서 교육의 연원 또한 실로 여기에 있다"고 설명하
는 『교육칙어』敎育勅語를 거쳐 일본의 정통 국가이데올로기로 화하여 근
대 일본을 기본적으로 지배하게 된다.

필자가 지금 『신론』을 통해 국체 개념에 대해 말하는 것은 근대 일본
의 정통 국가이데올로기가 한학漢學 계보를 잇는 바쿠후 말기의 사상집
단으로 형성된 미토학적 국가관을 기원으로 한다는 점을 말하기 위해서
이다. 이 점은 일본에서 실현되는 근대와 국가를 다시 생각할 때 중요한
문제이다. 그 하나를 들면 세계 무비의 우리 '국체'라는 개념 자체가 '국
가', '민족', '국어' 등 이른바 근대 한자어 개념과 함께 '중국'[漢]적인 것의

---

1) 会沢正志斎, 『新論』; 『水戸学』(日本思想大系 53).

근대적 재구축, 바꾸어 말하자면 근대 일본에서의 재영유화再領有化가 아닐까 하는 것이다. 후기 미토학파라는 바쿠후 말기의 유가적 교양을 갖춘 무사집단이 구축한 국체라는 개념은 새로운 국가이념으로서 근대 일본국가에 재영유화되었다. 메이지 변혁에 즈음해서 국체라는 이념은 새로운 일본국가에 영유되기를 기다리며 이미 존재하고 있었다.

2. 국체론과 문명론

후쿠자와 유키치의 『문명론 개략』(1875년 간행)에서도 국체를 둘러싼 논의가 이루어져 있다. 국체 개념의 기존성은 중요한 의미를 갖는다. 미토학에서 국체가 고대 천황제국가의 역사를 회상하면서 재구축된 것처럼, 개념의 기존성은 회상된 역사에 의해 가중되었다. 뿐만 아니라 유신이 내건 왕징복고라는 슬로건은 황조의 계보를 잇는 천황의 군림을 전제로 한 국체를 도래할 국가에서 기정사실화하고 있었다.

　　후쿠자와는 도래하는 일본을 위해 근본적인 문명화의 설계도를 그리려 했다. 그러나 국체 개념은 도래할 국가의 이념으로서 이미 존재하고 있었기 때문에 그의 일본사회 문명화론은 처음부터 항쟁적 대상으로서 국체론을 바라볼 수밖에 없었다. 필자는 『문명론 개략』을 재독함으로써 후쿠자와의 문명론이 국체론에 대항하는 담론이라는 점을 새삼 깨닫게 되었다.[2] 또한 그의 문명론을 정통 담론으로 만든 것은 전후 일본이지

---

2) 필자가 『문명론 개략』을 재독한 기록은 『福澤諭吉'文明論之槪略'精讀』, 岩波現代文庫, 2005이다. 본고도 이 재독 위에서 이루어진 것이다. 한편 『문명론 개략』은 이와나미문고판(松澤弘陽 校注, 1995)에 의거하고 있다.

제국 일본이 아니었다는 점을 재인식하는 계기가 되었다. 이 재인식은 근대국가 일본의 역사적 귀추를 문명론과 국체론의 항쟁적인 긴장관계 속에서 확인하는 관점을 제공한다. 그것은 국체론의 승리로 귀착된 일본 근대화(즉 서양 선진국화)가 무엇인지를 다시 묻는 관점이기도 할 것이다.

『문명론 개략』 제2장에서 후쿠자와는 일본의 문명화가 서양문명으로 방향을 설정하였다는 점을 설명한다. 장 제목은 「서양문명을 목적으로 하는 일」이다. 서양 근대로 방향을 설정한 개혁이란 메이지 일본의 정부와 민간인이 공유한 개혁전략이었다. 그렇지만 무엇을 우선과제로 하고 어디부터 어디까지 개혁할 것인지를 둘러싸고, 개혁론은 정쟁을 수반하여 분열하고 대립하였다. 후쿠자와의 문명론도 메이지 초의 이러한 항쟁사태 속에 있었다. "다른 문명을 취하는 것을 논함에 있어 먼저 인심人心에 고장故障을 느끼게 하는 것은 국체론으로, 심한 경우에는 국체와 문명은 병립할 수 없는 것과 같다"고 후쿠자와는 말한다. 일본 문명화 추진론의 장애물로서, 더욱이 인심을 지배하는 무거운 장애물이 국체론이라는 것이다. 그렇다면 후쿠자와는 이 국체론에 어떻게 대응하는가.

후쿠자와는 국체론과 전면적으로 대결하려 하지는 않는다. 그의 언론적인 전략은 천황제 국체론에 공화제 국가론을 대치하는 것과 같은 극단적인 대결 형식을 취하지 않는다. 『문명론 개략』의 첫 장을 「논의의 본위本位를 정하는 일」로 시작한 것처럼, 논의라는 언론적 상호교섭의 장소와 방법을 갖는 것이 문명적 시민사회 성립의 전제라고 생각한 후쿠자와는 국체론을 논의 가능한 주제와 틀로 변용한다. 논의가 불가능한 절대적 국체론을 상대적 국체론으로 변화시키는 것이다. 그 변용이란 메이지의 변혁에 기존성이라는 무거운 그림자를 드리우고 있는 국체론을 문명론적으로 바꾸어 읽고 틀을 바꾸어 가는 담론 작업이다. 메이지의 인민에게 절대적인 소여所與로서 주어지려 하는 국체론을 인민의 의지와 지력과 상관적이고 가변적인 계기를 가진 국가형태의 논의로 변용하려 하는 것이다. 그것은 국체론의 문명론적 탈구축이라 할 만하다. 그것은 국체 개념의 전全 부정이라고 할 만한 논의는 아니다. 그러나 후쿠자와의 국체 개념에 대한 철저한 바꾸어 읽기, 틀 바꾸기라는 담론 작업이라는 점에서『문명론 개략』의 논의는 유례 없는 국체론과의 대결이라고 할 수 있다.

3. 국체 개념의 탈구축

후쿠자와는 이른바 국체론을 구성하고 있는 것을 세 가지 측면으로 나누어 논한다. 첫째, 천황-신민 국가라는 일본국가 특유의 체재라는 의미에서의 국체 관념을 둘러싼 문제이다. 후쿠자와는 이 국체를 내셔널리티 개념으로 파악한다. 국체를 내셔널리티 개념으로 파악함으로써 국체 개념은 각 국가의 국민성이라고 말하는 바와 같이 상대화된다. 그와 동시에 국체 개념의 중심에 인민(국민)이 위치한다. 후쿠자와는 이를 '국체'라고 말한다.

둘째, 예컨대 입헌군주적 국가권력 체제가 정통적이라는 의미에서의 국체 관념 문제이다. 후쿠자와는 이것을 정치권력 체제의 정통적 인지political legitimation 문제로서 '국체'와는 별개로 '정통'의 문제라고 본다. 이른바 '국체의 단절'에 대해 후쿠자와는 '정통'(정치권력 체제)의 변화와 '국체'(내셔널리티)의 연속·불연속은 별개의 문제라고 말한다. '정통' 개념은 국체 개념의 가변적 계기와 관련하여 독립된 개념이라고 간주된다.

셋째, 일본 국체 관념의 중심을 이루는 황통의 연속성 문제이다. 후 쿠자와는 이것을 '혈통'론으로서 전개한다. '혈통'과 '국체'가 대치되면 서 국가의 연속성이란 무엇인가라는 가장 중요한 문제를 아슬아슬하게 논하고 있다.[3]

앞서 개괄한 바와 같이, 후쿠자와의 논의는 이른바 국체론의 문명론 적 해체, 혹은 문명론적으로 다시 읽기, 재편성의 논의이다. 그는 일본의 국체론을 구성하는 문제를 셋으로 분할하면서 이들을 '국체', '정통', '혈 통'론으로 해체하며 다시 읽어 간다. 이는 국체론의 탈구축deconstruction 이라 할 만한 작업이다. 먼저 첫째의 '국체'론부터 보자.

1) 절대적 국체론의 해체

"첫째, 국체란 무엇을 가리키는가. 세간의 논의는 잠시 접어 두고 먼저 우리가 아는 바를 가지고 이를 설명하려 한다. 체體는 합체의 뜻이다. 또 한 체재의 뜻이다. 사물이 모여 하나로 완결되어 다른 사물과 구별되는 형태를 말한다. 따라서 국체는 한 종족의 인민이 서로 모여 걱정과 기쁨 [憂樂]을 함께 나누어 타국인에 대해서는 자타를 구별 짓고 자국민끼리 서 로 보기를 타국인을 보는 것보다 두텁게 하고, 자국민끼리 서로 힘을 다

---

3) '국체', '정통', '혈통'의 삼론은 본문에서 말하는 바와 같이 일본 국체론을 구성하는 세 가지 측면이나 계기에 따라 이루어진 탈구축적인 재해석론이다. 전적으로 기조(F. Guizot)의 문명 론과의 관계를 중시하면서 설명하는 마루야마 마사오(丸山眞男)의 『'문명론 개략'을 읽는다』 (『'文明論之槪略'을 讀む』上, 岩波文庫, 1995)는 국체론을 삼론으로 분절화한 것의 의미를 충분 히 파악하지 못하고 있다.

하기를 타국인을 위해서 하는 것보다 더 하며, 한 정부 아래서 스스로 지배하여 다른 정부의 통제를 받아들이지 않고, 재난과 복[禍福]을 모두 스스로 담당하여 독립하는 자를 말한다. 서양 말로 내셔널리티란 바로 이것이다. 무릇 세계 중에 나라를 세운 것이 있다면 저마다의 체가 있다. 중국에는 중국 국체가 있고, 인도에는 인도 국체가 있다. 서양제국 모두가 일종의 국체를 갖추고 스스로 이것을 보호한다."

여기서 후쿠자와는 국체를 네이션(국가·국민) 개념으로 치환하려 한다. 그리고 네이션의 정의는 J. S. 밀이 쓴 『대의정체론』*Considerations on Representative Government*의 '내셔널리티' 정의를 바탕으로 한다. 국체 개념은 한 정부 아래 인민이 서로 모여서 타국과 구별되는 국가를 자립적으로 형성하고 스스로를 독자적인 국민으로 구성하는 유럽적 내셔널리티 개념에 따라 재구성된다. 후쿠자와는 타국과 구별되는 국민적 결합이 성립되는 까닭에 대해 "인종이 같다거나 종지[宗旨]가 같다거나, 혹은 언어나 지리적 요인 등 다양하지만 가장 유력한 원인이라 할 만한 것은 한 종류의 인민이 함께 세태의 연혁을 거쳐 똑같은 회고[懷古]의 정을 갖기 때문"이라고 하면서 르낭[4]의 국민론을 상기시키는 듯한, 인민 사이의 역사 공유를 가장 큰 이유로 본다.[5] 이렇게 해서 내셔널리티 개념에 의해 재구성된 국체 개념은 나라마다의 특유한 국체로서 "중국에는 중국 국체가 있고, 인도에는 인도 국체가 있다. 무릇 세계 중에 나라라는 것이 있다면 저

---

4) 르낭(Ernest Renan, 1823~1892). 프랑스의 철학자로 1882년 소르본대학에서 행한 「민족(nation)이란 무엇인가」라는 제목의 강연은 내셔널리즘을 이해하고 설명하는 데 여전히 활용되고 있다.—옮긴이

5) エルネスト・ルナン, 「国民について」, 『国民とは何か』, 鵜飼哲 訳, インスクリプト, 1997.

마다의 체가 있다"고 말한 바와 같은 상대적 국체관에 입각한 것이다.

후쿠자와의 이러한 국체 개념의 재구성은 유일무비의 국체라는 절대적 국체관과 대립한다. '금구무결'[6]이라는 국체의 수식어는 세계무비의 일본 국체를 수식하는 것으로서 1940년대 국체론 담론에서 범람하는데, 이는 이미 메이지 초기에 절대적 일본 국체를 수식하는 것이었다. 내셔널리티 개념에 의한 후쿠자와의 국체 개념 재구성은 먼저 절대적 국체관을 상대화하고, 국체 개념의 중심에 인민(국민)을 위치시킨다. 이로써 새로운 국체 개념이 성립한다.

인민을 주체로 한 새로운 국체 개념 성립과 함께 국가의 연속·불연속을 둘러싼 중요한 메시지가 있다. 바로 국가의 연속이란 무엇인가라는 것으로, 이는 마지막 '혈통'론에 이르기까지 후쿠자와 국체론의 일관된 관심사이며 중요한 문제제기이기도 하다.

2) 국체의 단절이란

후쿠자와가 말하는 국체 개념은 역사적으로 부동·불변의 동일성을 갖는 절대적 국체가 아니다. 후쿠자와는 "국체는 반드시 그 나라에서 시종한결같아서는 안 되며, 다소 변화가 있는 법이다. 합치기도 하고 흩어지기도 하며, 늘어나기도 하고 줄어들기도 하며, 심지어 아주 단절하여 흔적 없이 되기도 한다"고 말한다. 그러나 국체가 단절된다는 것은 어떠한 것인가.

---

6) 금구무결[金甌無欠]. 흠이 없는 황금단지처럼 완전하고 결점이 없다는 뜻으로 국력이 강하여 외적의 침입을 받은 적이 없다는 것을 비유적으로 일컫는 말이다.—옮긴이

단절되고 단절되지 않고는 언어, 종지 등 여러 요건이 있고 없고를 보고 판단해서는 안 된다. 언어와 종지는 있어도 인민이 정치권력을 잃고 타국인에게 통제받을 때를 일컬어 국체가 단절된 것이라고 말한다.

'국체의 단절'이라는 말은 일본현대사에서 무거운 의미를 갖고 있다. '국체의 단절'에 대한 두려움 때문에 일본의 권력자가 종전의 결단을 미룬 결과 히로시마·나가사키를 비롯한 이루 다 셀 수 없는 다수의 일반 국민의 무의미한 죽음을 초래했다는 것은 주지하는 바이다. 그러한 다수 인민의 죽음으로써 지켜야만 하는 국체란 무엇이었는가. 인민을 주체로 한 후쿠자와의 국체 개념에서 보면 일본의 전쟁 종결은 이러한 인민적 국체를 희생시켜 천황제 국체를 보호·유지한 것이 된다. 일본 인민이 경험한 비참한 사태에 앞서 80년 전 후쿠자와는 이렇게 말하고 있다. 국체의 단절이란 왕가의 단절이 아니라 "인민이 정치권력을 잃고 타국인의" 지배를 받는 것이다. 그리고 "인도인이 영국에게 지배되고, 아메리카 토인이 백인에 의해 쫓겨난 것은 국체를 잃은 심각한 일"이며, 지켜야 할 것은 한 나라 인민의 독립 권한이다. 한 나라 인민이 독립적 국민이라는 것, 국체를 보호·유지한다는 것은 그러한 것이다. 이것은 그야말로 국민주의nationalism에 입각한 국체관이다. 한 나라의 국체란 한 나라의 국민이 독립된 존재양태이다.

3) 정치체제의 변혁 가능성

여기서 두번째 문제인 '정통'으로 옮겨 가자. 그 나라에서 어떤 형태를 가진 정치체제가 정통성을 갖는다는 것은 무엇인가 하는 문제, 즉 'political legitimation'이라는 문제를 후쿠자와는 정통론이라고 말한다. 여기서 후쿠자와가 국가의 체재로서의 '국체'와 '정통'을 구별하는 것은 정치체제의 가변성과 관련해서이다. 그 나라에서 정통성을 가진 정치체제가 변혁되는 일은 있을 수 있는 일이다. 그것은 정통의 변화이지 국체의 변화는 아니라고 후쿠자와는 말한다.

정통의 변혁은 종종 전쟁에 의해 무력을 통하여 이루어져 왔다. "중국에서 진시황제가 주나라 말기의 봉건封建을 무너뜨리고 군현郡縣을 이룬 것도, 유럽에서 로마가 쇠함에 따라 북방의 야만이 이를 유린하고 나서 마침내 봉건을 이룬 것도 그 예이다"라고 후쿠자와는 말한다. 그렇지만 "인문이 점차 발달하여 학자의 논의에 권위가 생김"에 따라 사람들이 무력을 사용하지 않고도 변혁을 이루게 되었다.

예컨대 영국에서……정권의 일로 내란이 일어난 것은 1600년대 중반부터 말기에 이르기까지의 일로, 1688년 윌리엄 3세가 즉위한 뒤에는 이일로 나라 안에서 무기를 휘두른 적이 없다. 따라서 영국의 정통은 160~170년 사이에 크게 변혁되었지만 그사이에 조금도 병력을 사용한 적이 없고 알게 모르게 내용을 바꾸어, 이전의 인민은 이전의 정치를 정도라고 생각하고, 이후의 인민은 이후의 정치를 정도라고 생각할 뿐이다.

영국의 변혁이 무력에 의하지 않고 평온무사했다는 후쿠자와의 언급은 일본에서 정통의 변혁 가능성을 시사한다. 국가의 정통 권력체제의 변혁 가능성에 대한 이러한 후쿠자와의 언급은 후쿠자와 국체론이 갖는 전략적 의도를 명확히 보여 주고 있다. 국체론을 '국체', '정통', '혈통'으로 나누어 논하는 후쿠자와의 목표는 **금구무결의 국체**라는 무상無傷의 연속성 위에 선 절대적인 국체관에 변혁 가능성의 공기를 불어넣으면서 완고한 틀을 뒤흔드는 것이다. 일본국가의 국민이라는 것(국체, nationality)과 국가의 정치적 체제(정통, political legitimation)는 구별되어야 한다. 따라서 정통이 변해도 국체가 변하는 것은 아니다. "정통의 변혁은 국체의 존망과는 무관하다. 정치의 바람이 변화하고 몇 차례 변화를 거쳐도 자국의 인민에게 정치를 펴는 동안에는 국체가 손상되는 일은 없다"고 후쿠자와는 말한다. 결국 그에게 있어서 국체의 단절은 정통의 개폐가 아니라 한 국민이 독립성을 상실하는 것이다.

후쿠자와는 이와 같이 한 나라의 인민이 독립적으로 지속하는 것이야말로 진정한 **국체의 지속**이라고 말한다. 그것은 예컨대 군주정치라는 국가정체의 지속을 말하는 것이 아니다. 후쿠자와가 전개하는 것은 국민주의nationalism에 입각한 국체론이다. 그는 이 국민주의가 대외적으로 국가주의nationalism로 발동될 때 타국 국민의 독립을 유린한다는 것을 이미 선진국의 사례를 통해 알고 있었을 것이다. 그리고 전쟁은 세상에 둘도 없는 재난이기는 하지만, 전쟁을 일삼는 것은 다름 아닌 문명적인 서양 제국들이라는 점도 알고 있었다. 또한 서양 선진국의 식민지주의가 아시아 여러 국민의 독립을 유린하고 있다는 데 대한 인식이 그의 일국독립론의 강한 모티브를 이루었다. 그렇지만 후쿠자와의 일국·일국민 독립에 대한 강한 지향은 일본으로 하여금 선진문명국의 전철을 밟게 한다.[7]

---

7) 일본을 선진 구미문명국을 따라 독립된 문명국으로 확립하고자 하는 정치 코스가 구미의 식민지지배를 모방하여 아시아의 선진국으로서 식민지지배를 재현할 수밖에 없게 되는 굴절을 후쿠자와는 1882년의 시사(時事)적 문장에서 이렇게 말하고 있다. "인도와 지나의 인민이

하지만 메이지 내셔널리즘이란 걸어야만 했던 불가피한 길이었을까? 우리는 일본이 선진문명국의 길을 따라갔던 20세기 역사의 결과를 알고 있다. 이렇게 후쿠자와는 다시 그 역사에 직면한 우리에게 21세기의 일본을 묻고 있는 것이다.

4) 혈통과 국체의 연속성

이제 후쿠자와의 국체론은 전통적 국체관의 근간 문제로 접어든다. 즉 황통의 연속성 문제이다. 후쿠자와는 새삼 '국체', '정통', '혈통'의 구별을 말하면서 역사적으로 이들의 연속·불연속의 실제 사례를 들면서 설명을 시작한다.

> 국체와 정통과 혈통은 저마다 별개의 것으로, 혈통이 바뀌지 않더라도 정통이 바뀔 수 있다. 영국 정치의 연혁, 프랑스 카롤링거Carolingian의 예가 이것이다. 또한 정통이 바뀌더라도 국체는 바뀌지 않는 일도 있다. 만국에 그 예는 너무도 많다. 또한 혈통을 바꾸지 않은 채 국체를 바꾸는 일도 있다. 영국인, 네덜란드인이 동양의 지방을 취하여 옛 추장을 그대로 둔 채 영국이나 네덜란드의 정권으로 토인을 지배하고, 나아가 추장 역시 속박하는 것이 이에 해당한다.

이처럼 영국인에게 시달리는 것이 고통스러운 일은 아니지만 영국인이 제멋대로 위력과 권세[威權]를 휘두르는 것 또한 유쾌한 일이 아니어서, 한쪽을 안타까워하는 한편으로 다른 한쪽을 부러워하여 우리도 일본인으로 언젠가 한 번은 일본의 국위를 선양하여 인도와 지나의 토인 등을 제어하는 것을 영국인에게 배울 뿐만 아니라 그 영국인도 괴롭혀 동양의 권세[權柄]를 우리 손에 잡아넣겠다고 장년 혈기의 시절에 은밀히 마음속으로 다짐한 것을 아직도 잊을 수 없다."(「時事新報社說」, 明治十五年十二月十一日, 『福澤諭吉選集』第七卷, 岩波書店, 1981).

혈통은 계속되는 반면에 국체가 상실된 경우를 후쿠자와는 영국인의 동양에 대한 식민지지배를 예로 들어 말한다. 이것은 혈통론자에 대한 통렬한 야유일 것이다. 그렇다 하더라도 역사상 '국체', '정통', '혈통' 등 3자가 함께 변함없이 지속한 실례는 없다. 일본 역사 역시 빈번한 정통의 변혁을 전하고 있지 않은가. 우리 조정과의 관계에서 정권의 추이를 보면 이렇다.

처음에는 나라의 군주[國君]가 스스로 정치를 하고, 이어서 외척의 보상輔相인 자가 정권을 전횡하고, 다음으로 그 권세[權柄]가 쇼군가로 옮겨갔으며, 배신陪臣의 손에 떨어졌다가 다시 쇼군에게로 귀착하여 잠시 봉건의 세를 이루었다가 게이오慶應 말년에 이르렀다. 정권이 한 번 왕실을 떠난 후 천자는 단지 이름뿐인 지위[虛位]를 지닐 뿐이었다. 라이 산요賴山陽의 『일본외사』日本外史는 호조北條씨에 대해 평하기를, 만승지존 보기를 어미에게서 떨어진 새끼돼지[孤豚]같이 보았다고 하였다. 그 말이 참으로 그러하다.

정권의 추이와 변화를 기술하는 후쿠자와의 붓은 결과적으로 겨우 이름뿐인 천자의 지위를 보존하는 데 지나지 않은 조정의 모습을 전한다. 호조씨의 전횡이 천자의 존귀한 지위를 "새끼돼지같이 보았다" 할 정도였다고 평한 라이 산요의 『일본외사』를 인용하면서 후쿠자와는 "참으로 그러하다"며 이 평에 찬성을 표하기까지 한다. 국체론자가 자랑하는 황통 연속성의 실태는 기껏해야 이러한 것에 지나지 않는다는 것이다. 그러나 세상의 통설은 국체와 혈통을 혼동할 뿐만 아니라 혈통을 중시한 나머지 국체를 경시하고 있다. 후쿠자와는 이 문제를 사람 몸에 비유하여 "국체는 신체와 같고, 황통은 눈과 같다"고 하며 이렇게 말하고 있다.

눈빛을 보면 그 신체가 죽지 않았다는 증거가 되기는 해도 일신의 건강을 보존하는 데 있어 눈에만 주의하여 전체의 생기[生力]를 되돌아보지 않는 것은 이치에 맞지 않는다. 전체의 생기가 쇠약해지면 눈 또한 스스로 빛을 잃지 않을 수 없다. 혹은 심한 경우에는 전체가 이미 죽어 생기의 흔적이 없는데도 단지 눈이 떠 있는 것만 보고 이것을 살아 있다[生體]고 오인할 우려도 없지 않다. 영국인이 동양제국을 제압할 때 몸을 죽이고 눈을 남긴 예가 적지 않다.

여기에는 계몽적 담론의 가장 건전한 모습이 있다. 이는 국가관의 건전함으로서, 국가의 건강은 신체, 즉 인민의 건강에 있다는 정상적인 원칙이 일관되고 있다. 일본 근대사의 전개는 오히려 황통 우위의 국체관으로 그 원칙을 전도시킨 것이 아닌가. '몸을 죽이고 눈을 남긴다'는 영국의 식민지지배 사례는 혈통을 고집하는 국체론자들에 대한 통렬한 야유이다. 국체론에 대한 후쿠자와의 문명론적 비판은 보호·유지해야 할 국체의 연속성이 혈통의 연속성인지를 물으며 바야흐로 그 핵심 부분으로 향하고 있다.

5) 보호·유지해야 할 국체의 연속성

그렇다면 국체로서 무엇이 보호·유지되어야 하는가. 이른바 국체론은 연면連綿한 황통의 연속성을 바탕으로 '금구무결'의 국체를 주장해 왔다.

이 형용구로 언급되는 국체론적 담론을 후쿠자와는 비판적으로 고쳐 읽으며 "그렇다면 금구무결이란 개벽 이래 국체를 완수하여 외인에게 정권을 빼앗긴 적이 없다는 이 한 가지 일에 있을 뿐"이라고 말한다. 또한 보호·유지되어야 하는 것은 자국과 인민의 독립성으로, 이러한 의미의 '국체'야말로 '국가의 근본'이며 '정통도 혈통도 이에 따라 성쇠'한다고 할 수 있는 것이라고 본다. 국체론적 사론史論이 전개되는 역사적 무대인 남북조시대[8]를 되돌아보아도 '왕실이 정권을 잃고 혈통에도 순역順逆'이 있었지만 그것은 '금구무결의 일본국 내에서 일어난' 일이었으며 일본국에 변동이 있었던 것은 아니라고 후쿠자와는 말한다. 이렇게 해서 '금구무결의 국체'관, 즉 황통사로서의 일본사는 철저히 탈구축deconstruct 된다.

황통 연면으로서의 국체가 아니라 네이션nation으로서의 국체의 보호·유지가 진지하게 구상되어야 하는 것은 오히려 강한 군사력을 갖춘 선진문명국이 '일본국 주위에 복주[9]'하는 지금이다. "이때를 즈음해서 일본인의 의무는 단지 국체를 보존하는 것 한 가지뿐이다. 국체를 보존하는 것은 자국의 정권을 잃지 않는 것이다. 정권을 잃지 않기 위해서는 인민의 지력智力을 증진해야 한다."

인민의 지력을 증진하는 것, 곧 문명화는 현재의 역사적 환경에서

---

8) 남북조(南北朝)시대. 1336년 아시카가 다카우지(足利尊氏)가 고묘(光明) 천황을 옹립하여 바쿠후를 열고 이에 반발한 고다이고(後醍醐) 천황이 요시노(吉野)에서 남조를 연 이후 1392년 고카메야마(後亀山) 천황이 교토로 돌아올 때까지의 57년간 남조[大覚寺統]와 북조[持明院統]로 분열되어 있던 시기를 가리킨다.—옮긴이
9) 복주(輻輳)란 한 곳에 많이 몰려드는 것을 가리킨다.—옮긴이

일본의 국체를 보호·유지하기 위한 긴급 과제이다. 후쿠자와에게 문명화는 서양문명을 목적으로 한 국가의 기저에 있는 인민으로부터의 개혁이다. 지금이야말로 서양문명을 "취함에 있어 무엇을 주저하는가. 반드시 서양문명을 취해야 한다"고 말하며 후쿠자와는 문명론적 입장에서의 국체론 비판을 매듭짓는다.

4. 고습의 혹닉

국체를 보존하기 위해 인민의 지력을 전진시킬 것, 즉 문명화만이 일본이 해결해야 할 매우 긴급한 과제라고 후쿠자와는 말한다. 그렇다면 과제 수행은 어디부터 착수해야 하는가. "지력을 발생시키는 길에서 첫번째 급무는 고습古習의 혹닉惑溺을 일소하고 서양에서 일어난 문명정신을 취하는 데 있다"고 후쿠자와는 말한다. 문명정신 섭취는 고습에 혹닉하는 습관화된 정신태도를 일소하는 것과 함께 이루어진다. 후쿠자와의 국체론 비판은 국체론을 뒷받침하고 있는 혹닉적인 정신태도에 대한 비판으로 매듭지어진다.

　　마루야마 마사오는 '혹닉'이라는 후쿠자와의 용어에 사로잡힌 듯 이를 상세히 고증하고 있다.[10] "현실에 작용하는 방식에 대해서는 묻지도 않고 그것 자체를 존귀하다고 생각하는 것"[11]이 후쿠자와가 말하는 '혹

---

10) 丸山眞男,「福澤における'惑溺'」, 松澤弘陽 編,『福澤諭吉の哲学』, 岩波文庫, 2001.
11) 앞의 글.『'문명론 개략'을 읽는다』에서도 마루야마는 "어떤 것을 사용하는 본래의 목적은 어딘가로 가 버리고, 그것의 구체적인 작용에도 불구하고 '물자체'가 귀중하다고 여겨진다. 그러한 사고경향을 혹닉이라고 합니다"(『'文明論之槪略'を讀む』上, 198) 하고 말하고 있다.

닉'이라고 마루야마는 말한다. '혹닉'에 대한 마루야마의 이런 이해는 지금 우리가 문제 삼고 있는 국체론을 뒷받침하는 정신태도에 대한 비판의 문맥에서 후쿠자와가 말한 "사물의 귀함에 있는 것이 아니라 그 작용의 귀함이다"라는 말에 의거한 것이다. '혹닉'에 대한 마루야마의 이해를 구성하는 이러한 후쿠자와의 말은 "군주와 국가[君國] 병립이 존귀한 까닭은 옛날부터 우리나라에 고유한 것이기 때문이 아니라 이것을 유지하여 우리 정권을 보존하고 우리 문명을 증진해야 하기 때문에 존귀한 것이다"라는 발언 뒤에서 언급되고 있다. '혹닉'에 대한 마루야마의 이러한 이해는 그렇다 치고, 후쿠자와가 이 문장에서 무엇을 문제 삼고 있는지 생각해 보자.

'황통'과 '국체'nation가 병립하고 그런 형태로 존립해 온 일본의 정치권력을 '군주와 국가 병립'적 정권이라고 후쿠자와는 말한다. 국체주의자는 이 '군주와 국가 병립'이라는 일본의 정권에 세계 무비의 지상성至上性을 부여하는 것은 황통의 연속성이라고 말하고, 사람들도 그렇게 믿고 있다. 그렇지만 사람들은 실제로 정권에 권위가 있다는 것이 본래 무엇에 의해서인지는 살펴보려 하지 않는다. 국체주의자는 단지 정치권력 스스로가 권위의 근거로 표면에 내세운 것, 예컨대 황통의 연속성과 같은 것으로 정권의 정통성과 지상성을 설명해 왔다. 후쿠자와는 이것을 '허위'虛威라고 본다. 그리고 '개벽 초기의 세상'[開闢草昧]을 빌려 "인민이 모두 사물의 이치에 어둡고 외형에만 두려워 복종[畏服]하게 되면 이것을 제어하는 법 또한 스스로 그 취지에 따르거나 이치 이외의 위광을 활용할 수밖에 없다. 이것을 정부의 허위라 한다"고 말한다. 허위로서의 정권은 허위인 자신의 존재양태를 자기증식시킨다.

한 번 허위로 위세와 권력[威權]을 얻으면 그 허위를 행함에 편승하여 다시 허위를 휘두르고, 허위 좋게 사람으로 하여금 허위를 제멋대로 휘두르게 하며, 습관이 오래됨에 따라 마침내 허위로 정부 체재[體裁]를 이루고, 그 체재에 수많은 형태[千狀萬態]의 수식을 펴 수식이 점차 많아지면 마침내 세상 사람들의 이목을 현혹하여, 돌이켜 보건대 실용이 있는 바를 잃고, 단지 수식이 더해진 외형만을 보고 이것을 일종의 금옥으로 여기며, 이것을 돌보고 보호[眷顧保護]하기 위해 다른 이해득실을 버리고 묻지 않기에 이르러 혹은 군주와 인민 사이를 서로 다른 종류[異類] 사이인 것처럼 해서 굳이 구별을 만들어[作爲] 위계, 복식, 문서, 언어 등 하나도 남김없이 상하의 정식[定式]을 설정한다.

수식에 수식을 거듭하여 허위를 만들고 있는 사물, 즉 '위계, 복식, 문서, 언어'와 같은 사물이야말로 정권이 구애받고 그 아래 있는 것이 현혹되어 있는 사물이다. 그것은 물화된 지배이데올로기이다. 후쿠자와는 **허위를 만드는 사물에 구애받고 현혹되는 존재양태**를 '허위에 혹닉한 엉터리[妄誕]'라고 한다. 후쿠자와가 "사물의 귀함에 있는 것이 아니라 그 작용의 귀함이다"라고 말한 것은 허위를 구성하는 사물에 대한 혹닉을 향해 말한 것이다. 혹닉이 동양적인 황제적 '신[神] 정부'의 전제를 초래하고, 그 허위에 눈이 어두워진 인민의 맹종을 초래한다. 문명정신이란 '허위에 혹닉한 엉터리'를 끊는 것이다. 이미 문명이 무엇인지를 아는 인민에 대해 정부가 할 일은 "단지 도리에 기초한 약속을 정하고 정치와 법도[政法]의 실제 위력으로 약속을 지키게 하는 방책만이 있을 뿐"이다. 후쿠자와가 '그 작용'이 귀하다고 한 것이 바로 이것이다.

그런데 지금 실을 버리고 허를 취하며, 외형을 수식하려 들어서 오히려 점차 사람을 바보[疑愚]로 이끄는 것은 혹닉이 심하기 때문이다. 허위를 주장하려면 하민[下民]을 어리석게 하여 개벽 초기로 되돌아가게 하는 것이 상책이다.

후쿠자와의 문명론은 허위에 대한 혹닉과 싸우는 담론이다. 허위가 한층 더 허위를 요구하고, 외형적인 권위에 의한 수식에 구애받는 인민을 한층 더 어리석게 만든다. 확실히 그렇지 않은가. 새로운 문명적 출발을 말하는 메이지 국가는 진무 천황의 조국[肇國] 신화로 스스로를 수식하지 않았는가. 후쿠자와의 말을 다시 한번 읽어 보자. "허위를 주장하려면 하민을 어리석게 하여 개벽 초기로 되돌아가게 하는 것이 상책이다." 일본의 근대국가 실현이 인민을 순량[順良]한 신민으로 한 천황제국가로서의 실현이었다는 것을 우리는 몇 번이고 후쿠자와의 말을 곱씹으면서 생각해야 한다.

해독 5. 도덕주의적 국가와 그 비판
─후쿠자와 유키치의 '지덕론' 해독

"요순의 치를 부러워할 것도 없고, 충신의사의 행적을 가늠할 필요도 없다. 옛사람은 옛날에 존재하며 옛날 일을 이룬 자이다. 우리는 오늘날에 존재하며 오늘날의 일을 이루는 자이다."─후쿠자와 유키치, 『문명론 개략』

"옛날 서로마가 멸망한 것은 전적으로 그 국민이 도덕을 잃고 인심이 부패했기 때문이라는 점은 역사상 명백하다."─니시무라 시게키西村茂樹, 『일본도덕론』日本道德論

1. 비판적 담론으로서의 문명론

후쿠자와 유키치의 『문명론 개략』을 읽으면 그의 문명론 혹은 일본문명화론이 아무것도 쓰여 있지 않은 백지에 무언가를 쓰기 위해 기술된 것이 아니라는 것을 알게 된다. 후쿠자와는 자신의 논의 전개에 장애가 되는 것으로, 비판적·대항적으로 논리를 전개할 수밖에 없는 대상을 몇 가지 갖고 있었다. 따라서 『문명론 개략』에서의 후쿠자와 문명론은 항쟁적 담론의 성격을 강하게 띠고 있다. 이것은 필자의 『문명론 개략』 재독이 초래한, 경이로움과 비슷한 발견이었다.[1] 『문명론 개략』은 교양주의적 독서 대상으로서의 계몽서가 아니다. 『문명론 개략』의 문명론이 이미 비판적 담론으로서 명확한 대상을 갖고 있다는 점은 머지않아 실현되는 근대 일본을 생각하는 데 있어 중요한 문제를 시사하고 있다.

후쿠자와의 『문명론 개략』에서의 문명론적 담론은 서양의 이념형적인 '근대'를 파악하는 입장에서 행하는 일본 최초이자 가장 급진적인 근대주의 담론이라고 할 수 있다. 일본의 근대주의는 그것이 내건 이념적 '근대'의 일본에서의 창출 내지 실현을 주장하는 담론인 동시에, 항쟁하고 비판해야만 하는 대상을 갖는 비판적 담론이기도 했다. 후에 가장 훌륭한 이해자로서 후쿠자와를 이은 마루야마 마사오[2]에게 근대주의가 전후 사회의 비판적 담론이었던 것처럼 후쿠자와에게 최초의 근대주의도 이미 비판적 담론이었다. 후쿠자와의 근대주의가 성립할 당시 근대 여명기의 일본은 이미 근대주의가 담론적으로 비판적 대항을 필요로 하고 있었다. 그러나 그것은 스스로를 근대주의라고 밝히듯 대항적으로 전근대 사회나 봉건사회를 말하는 것이 아니다. 후쿠자와 문명론이 비판하는 것은 전근대에 태어나 도래할 일본 근대에 큰 규정력規定力을 갖고 존재하는 그 무엇이다. 이러한 그의 대항은 장래에 대한 예지적 두려움을 가진

---

1) 필자의 『福澤諭吉 '文明論之槪略' 精讀』(岩波現代新書, 2005)은 재독의 경이로움에서 쓴 것이라고 할 수 있다.
2) 마루야마 마사오(丸山眞男, 1914~1996). 일본의 정치학자로 일본정치사상사의 권위자이다. 다수의 글 가운데 특히 「초국가주의의 논리와 심리」는 제국 일본의 심층 분석서로 정평이 나 있다. 시민민주주의 입장에 선 대표적인 전후민주주의론자 가운데 한 사람이다.—옮긴이

것이었다.

우리는『문명론 개략』이후 130년이 지난 일본에 있다. 우리는 후쿠자와 문명론이 130년 전에 두려움 속에서 예지적으로 대항하고 있었던 것이 일본의 근대국가 형성사에서 어떠한 형태로 실현되었는지를 알고 있다. 그것은 1930~40년대 마루야마 등이 비판적으로 대결하고 있었던 것, 즉 근대 천황제국가로서의 일본이다. 우리는 이미 역사상의 답을 알고 있다. 그렇다면 근대 여명기 후쿠자와의 문명론적 담론을 지금의 우리는 어떻게 읽어야 하는가. 나는 두 가지 관점에서『문명론 개략』을 읽으려 했다. 하나는 이미 근대 여명기에 후쿠자와의 근대주의가 일본의 국가적 장래에 두려움을 가지고 대항하고 있었던 것이 무엇인가를 명확히 하는 것이다. 그것은 근대국가로서의 일본 형성의 방향을 두고 담론적 항쟁에서 나타난 국가의 억압적인 선택을 발견하는 것을 가능하게 할 것이다. 이것은 역사에서 국가 형성의 필연성보다는 국가적 자의恣意를 읽으려고 하는 고고학적 해독이다. 다른 하나는 비판적 담론으로서 후쿠자와 문명론을 읽는 것이다. 그것은 후쿠자와 문명론의 비판주의를 사상적 무기로 재활용하기 위해서이다. 서양적인 '근대'를 이념으로 한 비판주의를 이번에는 근대국가에 제도화된 '근대'를 비판적으로 해체하기 위한 무기로 삼는 것이다.

후기 미토학에서 구성된 천황제적 제사국가라는 '국체'의 이념이 일본 근대국가 형성에서 중대한 의미를 갖는다는 점은 이미 앞에서 지적한 바 있다(해독 3). 그리고 후쿠자와의『문명론 개략』에서 문명론은 '국체' 이념의 급진적인 탈구축적 담론이었다는 점도 앞 장에서 지적하였다(해독 4). 후쿠자와는 확실히 이 '국체' 이념이 역사 속에서 다져져 근대 일본

국가에 실현되는 데에 강한 두려움을 갖고 있었다. 이러한 후쿠자와 문명론이 의구심 속에 예지적으로 대항하고 있었던 것이 또 하나 있다. 그것은 가족적 정의情誼관계나 유교적 도덕론을 배양기培養基로 하여 형성된 도덕주의적 국민국가 형성에 대한 것이다. 『문명론 개략』에서 '지덕론'은 새로운 문명적 사회의 지성과 모럴의 형성을 유교적 도덕주의와 전통적 정의情誼사회에 대한 강한 비판과 함께 설파되고 있다. 『문명론 개략』속의 '지덕론'은 이러한 관점에서 다시 읽어야 한다.

2. '지덕론'의 과제

『문명론 개략』의 제6장은 「지덕의 변辨」이다. 즉 지智와 덕德을 구별하여 지가 무엇이고, 덕이 무엇인지를 명확히 한 것이다. 그러나 동양적 전통, 특히 유교의 전통적 사고법에서 보면 지와 덕은 대치되는 개념이 아니다. '지덕'이라 하면 지라는 덕이지 지와 덕이 아니었다. '인의예지'라고 이어서 호칭되는 바와 같이 지는 덕의 하나였다. 그것은 인간 내면의 예지叡智, 즉 무엇이 선이고 악인지를 명확히 하려는 마음의 예지였다. 유교에서는 최고의 예지를 갖춘 존재가 성인으로 여겨졌다. 그렇다면 지금 후쿠자와가 '지덕'을 '지와 덕'으로 변별하려는 것 자체가 유교의 전통 도덕관에 대한 비판적 해체 작업이라 할 수 있다. '지덕'을 해체하여 구별함으로써 문명적 '지성'과 '모럴'이 성립한다. 후쿠자와는 먼저 지와 덕을 구별하고, 나아가 각각에 공사의 구별을 설정하여 네 종류로 구별한다. 기존의 개념을 분할하고 구분하여 근대 개념을 재구성하는 작업은 니시 아마네[3]가 『백일신론』에서 한 것이기도 하다.[4] 이 구분·분할이라는 작업은 기존 개념의 해체를 통해 신개념을 재구성하는 작업이다. 여기서 해체되는 것은 유교적 개념이다.

> 덕이란 덕의德義를 가리키는 것으로 서양 말로 하면 모럴이다. 모럴은 마음의 예절[行儀]이다. 한 사람의 마음속이 즐거워도 사람이 보지 않는 곳에서도 행동을 조심하는 것이다. 지란 지혜를 가리키는 것으로 서양 말로는 인텔렉트intellect이다. 사물을 생각하고 사물을 이해하고 사물을 납득하는 작용이다.
> 또한 이 덕의와 지혜에 각각 두 종류의 구별이 있어 첫째는 정실貞實, 결백潔白, 겸손謙遜, 율의律儀 등과 같이 일심一心 안에 존재하는 것을 사덕私德이라 하고, 둘째 염치廉恥, 공평公平, 정중正中, 용강勇强과 같이 외물外物에 접하여 인간의 교제상에 드러나는 작용을 공덕公德이라 한다. 셋째로 사물의 이치를 밝혀 이에 부응하는 작용을 사지私智라 하고, 넷째로 인사의 경중, 대소를 분별하여 경소를 뒤로 하고 중대를 앞으로 하여 때와 장소를 헤아리는 작용을 공지公智라 한다. 따라서 사지를 궁리의 소지小智, 공지를 총명의 대지大智라 할 수 있다.

---

3) 니시 아마네(西周, 1829~1897). 일본의 계몽가·교육자로 군인칙유(軍人勅諭) 작성에 관여하기도 하였으며, 1873년에는 모리 아리노리(森有禮), 후쿠자와 유키치, 가토 히로유키(加藤弘之) 등과 함께 메이로쿠샤(明六社)를 결성하여 서양철학을 번역·소개하는 등 철학의 기초를 쌓는 데 공헌하였다.─옮긴이

4) 백 가지 교학을 통일하는 새로운 철학적 지를 설명하려 한 니시의 『백일신론』(百一新論, 1874)은 먼저 유교 속의 정치와 도덕의 연속성과 주자학적 이(理)에 의한 물(物)과 심(心)의 연속성을 단절하듯이 기존의 지의 체계를 해체하는 작업에서 시작된다.

덕을 사덕과 공덕 두 종류로 구별하고, 지를 사지와 공지 두 종류로 구별한 후쿠자와는 이 네 종류 가운데 가장 중요한 것은 "넷째의 대지이다. 생각하건대 총명한 예지의 작용이 없으면 사덕과 사지를 확장하여 공덕과 공지를 이룰 수 없다"고 말한다. 지와 덕이 작용하는 사적 장면과 공적 장면의 차이에 따라 네 종류로 구별된다. 덕에 대해서는 자기 일신의 마음가짐과 관련되는 사덕과 사람들 사이의 관계에 관련되는 사회적 도덕, 곧 공덕으로 구별하고 있다. 지에 대해서는 개별적인 장면이나 개별적인 사항에 관한 사람의 궁리를 사지라 하고, 사회·국가 전체를 배경으로 하거나 역사를 통관通觀한 사람의 판단·인식을 공지라 한다. 후쿠자와는 공지를 일의 경중대소에 따라 분별하여 중대사를 우선시하고 공사를 구별하여 공적 입장에서 사물을 생각하는 작용을 '총명의 대지'라고 말한다. 더욱이 대지가 가장 중요한 것은 자기 혼자만의 개별 입장에 구애되지 않고 국가사회의 참된 이익을 생각하여 어제오늘의 판단이 아니라 오랜 역사적 못줄間尺로 생각하는 것만이 실로 문명적 지성으로서 요구되기 때문이다.

그렇지만 '지덕'을 네 종류로 구별하여 '총명의 대지'가 가장 중요하다고 지적하는 것으로 이 장의 과제가 완수되는 것은 아니다. 지와 덕을 구별하고 지성을 덕성에서 독립시켜 지성의 작용이 덕의 우위에 있다는 것을 설파하는 것 자체가 전통적 이해의 저항에 직면할 수밖에 없기 때문이다. 예컨대 경중대소를 분별하여 중대사를 우선시하고 공사를 구별하여 공의 입장에서 사물을 판단하려는 작용을 후쿠자와는 '총명의 대지'라고 말하지만, 이 작용은 오히려 '대덕'이라 해야 하는 것 아닌가. 왜 후쿠자와는 그것을 대지라 하고 대덕이라 하지 않는가. 그는 전통 유교

도덕론에서 덕은 "결국 밖으로 드러나는 작용보다 안에 존재하는 것을 덕의德義라 이름 붙였을 뿐이다. 서양 말로는 패시브passive로서 나로부터 작용하는 것이 아니라 사물에 대해 수동적 자세를 갖고 단지 사심私心을 버리는 한 가지를 요령으로 하는 것과 같다"고 말한다. 그가 요구하는 '대지'는 수동적인 덕과는 반대되는 정신작용이다. 지금 필요한 것은 지를 덕으로부터 확실히 변별함으로써 문명적 지성으로 재구성하는 것이다.

지를 문명적 지성, 덕을 문명적 사회의 모럴로 새롭게 재구성하기 위해서는 내면을 중시하는 언어로 언급된 전통적 유교 심성론이나 도덕론과의 끈질긴 비판적 대결이 이루어져야 한다. 『문명론 개략』 제6장 「지덕의 변」의 대부분은 이러한 대결로 가득 차 있다. 우리가 현재 사용할 수 있는 지성은 후쿠자와 등의 이러한 노고에 의해 얻어진 것이라 할 수 있다.

3. 지·덕의 구별과 재구성

전통적으로 '지'智는 인간의 내면에 갖추어진 예지로서의 덕德이었다. 지금 후쿠자와는 지를 덕에서 구별하고, 문명적 지성으로 재구성하려고 한다. 그러기 위해서는 지와 덕이 다시 저마다의 개념으로 구성되어야 한다. 지·덕을 구분하고 저마다의 개념을 구성하는 작업은 전통적 유교이념을 해체·변용시키면서 문명적 개념으로 재구성하는 작업이다. 후쿠자와가 시행한 이 작업은 다면적이고 상세하다. 여기서는 단지 이 작업의 일부로써 그 성격을 명확히 하는 데 그치겠다.

덕의는 한 사람의 마음속에 있는 것으로 타인에게 드러내기 위한 작용이 아니다. 수신이나 신독愼獨 모두 외물外物과는 무관한 것이다. …… 따라서 덕의는 일체 외물의 변화와 관계없고 세상의 비웃음이나 명예[譏譽]를 되돌아보지 않으며, 위무威武에도 굴하지 않고 빈천도 빼앗을 수 없으며, 확고한 의지가 흔들리지 않으며[確乎不拔] 안에 존재하는 것을 말한다.

지혜는 이와 다르다. 외물에 접하여 그 이해득실을 생각하고 행함에 있어 불편하면 저 방법을 시행하고, 나에게 편리하다고 생각해도 중인이 이를 불편하다고 하면 다시 고치며, …… 외물에 접하여 임기응변으로 처치를 시행하면 그 취지는 전적으로 덕의와 상반되며, 이를 외부의 작용이라 하지 않을 수 없다.

후쿠자와는 여기서 덕을 '한 사람의 마음'가짐이라 하여 그 작용을 한 사람, 한 가족이라는 사적인 내부영역으로 한정한다. 덕이나 도덕이 전통적으로 그러했던 것은 아니다. 덕을 전적으로 심성의 개념으로 보고 인의예지를 사람의 본성으로서의 본체론적 개념으로 본 것은 주자의 성리학이다. 다만 주자도 인仁이라는 덕은 천지의 사물을 생성하는 마음이며, 사람의 경우에는 타자에게 미치는 자애의 마음이라고 설명한다.[5] 따라서 후쿠자와가 여기서 덕을 일심에 내부화하여 그 작용을 한 사람, 한

---

5) 주자는 '인'(仁)을 다음과 같이 설명하였다. "천지가 사물을 산출함으로써 마음을 이룬다. 그리고 인물이 태어나 각각 천지의 마음을 얻음으로써 마음을 이룬다. 따라서 마음의 덕을 말하면 총섭관통(總攝貫通)하여 갖추어지지 않은 곳이 없다 해도, 이것을 한마디로 말한다면 곧 이르기를 인(仁)뿐이다."(朱子,「仁說」)

가족의 영역으로 한정한 것은 지·덕을 대립적 개념으로 구분하는 그가 비판적으로 재구성한 '덕' 개념이라 할 수 있다. 덕은 일심에 내부화되는 반면에 지는 덕과 구별되면서 외부화되고 그 작용으로 인해 사회성이 한층 더 강하게 발현된다. 지는 인간이 외부세계에서 사물과 접할 때 인식과 응용의 작용이 되며, 그 작용은 방식화되고, 또한 인식의 결과는 공식화되어 만인이 이용할 수 있는 공공의 것이 된다.

덕의는 형태를 갖춰 가르쳐서는 안 된다. 이것을 배워 얻고 못 얻고는 배우는 사람의 마음 공부에 달려 있다. 예컨대 경서에 나오는 극기복례克己復禮 사자성어를 보여 주고 그 뜻을 알게 하여도 아직 도를 전했다고는 할 수 없다. 따라서 이 사자성어의 의미를 상세히 밝혀 극기란 일신의 사욕을 제어하는 것이고, 복례란 자신의 본심으로 되돌아가 자기분수를 아는 것이라고 정중하게 반복하면서 설득해야 한다. 스승의 작용은 단지 여기까지로 달리 도를 전할 도리가 없다. 그다음은 단지 사람들의 공부로, 고인古人의 책을 읽거나 요즘 사람의 언행을 보고 들어 덕행에서 배워야 할 뿐이다. 이른바 이심전심이라는 것으로, 이것을 덕의의 풍화라 한다.

풍화는 원래 무형이므로 그것이 이것으로 전화하고 않고에 대해서는 시험하는 법이 있을 리 없다. 실제로 사욕을 제멋대로 부리면서 자신은 사욕을 제어했다고 생각하거나 분수에 넘치는[分外] 일을 하면서 자신은 분수를 안다고 생각하는 자가 있다 하더라도, 그렇게 생각하고 생각하지 않고는 가르치는 사람이 관여할 바가 아니다. 오로지 배우는 사람의 마음 공부에 달려 있을 뿐이다.

사람에게 덕을 가르치는 것은 덕의 의의를 말로 설명하여 듣게 하는 데까지이다. 그 덕을 학습자가 정말로 습득하였는지 어떤지는 스승이 관여할 바가 아니다. 오로지 학습자의 공부와 관련된 것이다. 독서를 통하거나 선인에게 배워 스스로 덕으로 전화하는 공부를 하는 것이다. 그런데 외부에서는 덕으로 전화했는지 어떤지는 알 방법이 없다. 덕화德化란 무형의 마음의 수준 문제이며, 밖에서 시험하여 합격과 불합격을 결정할 수 없고, 수치화할 수도 없다. 안에서는 사욕을 제멋대로 부리면서 밖으로는 군자를 가장하는 '거짓군자'가 생기는 것은 덕화가 원래 무형의 일이기 때문이다. "참으로 하늘을 두려워하는 것도, 거짓으로 하늘을 두려워하는 것도 외부인의 눈으로 갑자기 간파할 수 있는 것이 아니다. 이것이 바로 세상에 거짓군자가 생기는 까닭이다"라고 후쿠자와는 말한다. 그렇다면 거짓지자僞智者는 있는가. 덕의 가르침이 오로지 사람 마음의 수준에서 시종하고 그 성과도 밖에서 확인할 수 없는 무형의 교화인 데 반해, 지의 교육은 누구나 이용하고 따를 수 있는 객관적인 절차와 방식을 가진 유형의 교화이며, 그 성과도 시험으로 실제로 측정할 수 있는 것이다. 만약 항해자가 배를 조종할 수 없다면 그가 정말로 항해술을 익히지 않았기 때문이며, 그 점은 실제로 명백해진다. 따라서 지혜의 세계에서는 거짓지자를 허용할 여지는 없다고 후쿠자와는 말한다.

후쿠자와가 지를 재구성하는 작업은 전통적 덕 개념을 부정적인 것으로 다시 규정하는 것이다. 덕은 사람의 마음에 내면화되고, 덕목은 진보가 없는 보수적인 마음의 준칙으로 여겨지고, 덕화는 그 성과를 검증할 수 없는 애매한 마음의 교육으로 여겨진다. 지는 부정적인 덕의 반대편에서 긍정적인 문명적 지식·지성으로 재구성된다.

여기서 후쿠자와의 과제는 지와 덕을 새로운 문명적 지성과 모럴로 재구성하는 것이었으리라. 그렇지만 실제로 후쿠자와가 이룬 것은 전통적 덕 개념에 대한 철저한 비판적 해체 작업이었다. 앞에서 그가 '공덕'公德이라고 말한 인간 교제상의 사회적 모럴, 즉 문명사회의 도덕이 이 비판적 해체 작업을 통해 재구성된 것은 아니다. 덕의 부정적 작업을 통해 생긴 것은 덕에서 떨어져 나가 그 반대편에 있는 긍정적 지, 곧 문명적 지식·지성이었다. 어쩌면 후쿠자와는 이 문명적 지성이 새로운 모럴을 가져올 지성이라고 생각했는지도 모른다. 확실히 후에 후쿠자와가 "따라서 사덕私德은 야만미개[野蠻草昧]의 시대에 그 효능이 가장 현저하고, 문명이 발전함에 따라 점차 권력을 잃고 취지를 바꾸어 공덕의 모습이 되고, 운운" 하는 것을 보면, 사회적으로 지력이 충실하여 문명이 발전하면 사덕은 공덕(사회적 도덕)으로 변하고 발전한다고 말하고 있는 것이다. 이는 후쿠자와가 당시의 일본이 취할 문명화의 전략으로서 사덕에 의한 도덕주의의 입장을 철저히 배척하고 인민의 지력 충실과 향상을 급선무로 보았다고 할 수 있다. 그렇다면 후쿠자와의 이러한 급진적 도덕주의 비판의 배경에 있는 사태는 무엇인가.

4. 도덕주의 비판

후쿠자와가 전통적 도덕 개념을 해체하기 위한 비판으로 대응하고 있는 것은 일본사회의 도덕주의라 할 만한 뿌리 깊은 사고방식에 대해서이다. 도덕주의란 천하와 국가는 말할 것도 없고 인간사의 모든 일이 도덕을 제일의 요체로 하여 근간을 이루어야 한다는 입장이다. 이 입장은 평천

하나 치국 역시 일개인의 수신에 기초한다는 유가에서 비롯된 것이었다. 유교로 대표되는 도덕주의가 문명개화의 시대와 함께 사라져 버린 것은 아니다. 메이지유신과 함께 시작된 국가사회의 급격한 문명개화는 기존 사회의 도덕적 핵심을 동요시키고 도덕적 기반을 무너뜨렸다. 세상의 지식인들은 이러한 급격한 문명개화와 더불어 일본사회에 발생한 도덕 공백에 강한 위기감을 느꼈다. 이는 보수적 한학자나 국체론자만이 아니었으며, 후쿠자와의 동료들, 즉 메이로쿠샤[6]의 동인 가운데도 있었다. 니시무라 시게키[7]는 1876년에 (후에 일본홍도회日本弘道会가 되는) 수신학사修身学社를 설립한다. 후에 『일본도덕론』(1887)을 저술하여 국민도덕운동을 전개한 니시무라가 강한 위기의식을 갖고 본 것도 메이지 사회의 도덕 공백이었다. 유교적 도덕주의는 메이지 전환기의 도덕적 위기의식과 함께 부활한다. 메이지 국가의 이러한 도덕적 위기의식은 마침내 『교육칙어』라는, 천황의 이름에 의한 국민도덕의 선포와 신민적 규범의 부여를 초래한다. 후쿠자와 문명론이 직면하고 있었던 것은 메이지의 사회적 전환과 더불어 발생한 도덕 공백이 촉진한 도덕주의적 주장이었다.

세상 덕행가의 말에 따르면, 덕의는 모든 일[百事]의 대본으로, 인간의 사업은 덕 없이는 이룰 수 없으며, 일신의 덕을 쌓으면 이루지 못할 일이

---

6) 메이로쿠샤(明六社). 일본 근대기에 문명개화를 앞장서 추진한 니시 아마네, 모리 아리노리, 후쿠자와 유키치, 가토 히로유키, 니시무라 시게키 등 서양지식에 해박한 지식인들이 모여 조직한 것으로 『메이로쿠잡지』(明六雜誌, 1874년 창간)를 간행하였다.─옮긴이
7) 니시무라 시게키(西村茂樹, 1828~1902). 메이지시대의 계몽적 관료·학자·사상가·교육가로 메이로쿠샤 동인이며 야스이 솟켄(安井息軒) 등에게 유학을, 사쿠마 쇼잔(佐久間象山)에게 양학(洋學)을 배웠다.─옮긴이

없으니, 덕의는 가르치고 배우지 않으면 안 된다. 인간만사는 내버려 두어도 지장이 없으니, 먼저 덕의를 쌓은 연후에 도모해야 한다. 세상에 도덕교육[德敎]이 없는 것은 마치 어두운 밤에 등불을 잃은 것과 같아 사물의 방향을 볼 수가 없다. 서양의 문명도 도덕교육이 가져온 것으로, 아시아가 반개[半開]이고 아프리카가 야만인 것도 그 원인은 단지 덕의를 쌓는 것의 깊고 얕음에 따른 것이다.

문명의 전환점에서 도덕적 위기의식으로 인해 도덕을 부흥시켜야 한다는 입장이 다양하게 주장된다. "사람의 부덕을 슬퍼하고 사람이 선하지 못함을 염려하며 예수의 가르침을 받아들여야 한다거나 쇠잔해진 신도를 부흥시켜야 한다거나 불법[佛法]을 유지해야 한다고 말하니, 유자에게도 설이 있고 국학자에게도 논이 있어 이설쟁론[異說爭論], 효효접접[嘵嘵喋喋][8] 슬퍼하고 염려하는 탄식의 모습이 마치 물과 불이 금세라도 집을 범하려 하는 때와 같다." 마치 때를 기다렸다는 듯 표출된 도덕주의 담론에 대해 후쿠자와는 "허둥지둥하는 꼴 하고는" 하며 어이없어했다. 도덕교육의 쇠퇴가 마치 세상의 종말인 양 탄식하거나 덕 하나로 세상을 구원할 수 있는 것처럼 말하는 극단적 도덕주의 논의가 공격대상이 되었다. 극단적 도덕론이 문제인 것은 도덕성만이 인간성·인간능력에서 가장 좋은 것이고 도덕만이 인간사회의 근본이라며 인간의 모든 것을 덮어 버리기 때문이다. 역사의 전환점에서 본말경중[本末輕重]에 관한 올바른 판단을 잃게 만드는 것이다. 후쿠자와는 지금 일본의 논의가 그 본위[本位]로 삼아야 하는 것은 문명이자 인민의 지력 증진이며 이를 통한 국가 독립이라고 말한다. 도덕주의적 논의는 그가 주장하는 본위를 잃고 있는 것이다.

만약 사물의 극단을 보고 논의를 정해야 하는 것이라면 덕행의 가르침 역시 무력한 것이다. 예컨대 지금 도덕교육만으로 문명의 대본을 이루고 세계의 모든 인민에게 예수의 성교聖敎를 읽게 하고 이것을 읽는 것 이외에 할 일이 없다고 하면 어떻게 되는가. 선가禪家가 불립문자不立文字를 열심히 가르쳐 그로 인해 천하의 인민이 문자를 잊게 되면 어찌할 것인가. 『고지키』, 『오경』을 암송하고 충의수신의 도를 배우고도 호구지책을 알지 못하는 자가 있다면 이를 문명한 사람이라 할 수 있는가. 오관9)의 정욕을 버리고 간난신고[艱苦]를 이겨 내고도 인간세계가 어떠한 것인지를 모르는 자가 있다면 이를 개화한 사람이라 할 수 있는가.

도덕주의에 대한 야유로 가득 찬 후쿠자와의 격한 반론은 당시 일본에서 논의의 본위로 삼아야 하는 것이 무엇인가를 명확히 하기 위한 것이었다. 일개인의 수신·덕행과 같은 사덕을 장려해 놓고는 마치 인류의 천성을 다했다고 하는 도덕주의·수신주의를 비난한 후쿠자와의 격한 말을 마지막으로 든다. 『마음의 노트』10) 제작자들에게 읽혀야 하는 것은 다음과 같은 후쿠자와의 말이다.

그런데도 지금 부지런히 사덕 한쪽만을 가르쳐 만물의 영장인 인류로 하여금 겨우 비인간非人間의 부덕함을 면하게 하는 데 애쓰고 이것을 면

---

8) 시끌벅적 몹시 떠들썩한 것을 가리킨다.—옮긴이
9) 오관(五官). 오감을 일으키는 눈·귀·코·혀·피부를 가리킨다.—옮긴이
10) 『마음의 노트』(心のノート). 일본의 문부과학성이 2002년 4월 전국의 초·중학교에 무상 배포한 도덕 부교재이다.—옮긴이

하는 것을 인생 최대의 약속으로 하며 이 가르침만을 시행하여 일세를 농락하려 하여 오히려 인생의 천성[天稟]의 지력을 움츠러들게 하는 것은 필경 사람을 멸시하고 사람을 압제하여 그 천연天然을 방해하는 거동이라 할 수 있다.

5. 지력이 행해지지 않는 사회

후쿠자와가 말하는 문명사회는 인민의 지력이 충실한 사회이다. 사회의 문명화 정도는 인민 지력의 충실함과 상관이 있다. 그런데 후쿠자와가 말하는 지력적 사회로서의 문명사회의 특질은 항상 그 대항적 사회(즉 야만·반反문명·반反지적 사회)에 관한 기술을 수반하고 있다. 즉, 문명사회에 대한 기술에는 대항적 사회에 대한 기술이 전제되고 있는 것이다. 이는 문명론적 담론 구성이 가질 수밖에 없는 구조적인 특질이다. 『문명론 개략』에서 문명사회의 진보에 대한 기술은 야만사회의 정체에 대한 지적이기도 하다. 후쿠자와는 반문명사회를 전제군주가 인민을 지배하는 중국의 고대국가에서 보고 있다. 그는 서양의 오리엔탈리즘이 구성하는 동양적 왕국에 대한 관점을 공유하고 있는 것이다. 중국 황제의 전제 권력에 의한 지배와 그것을 뒷받침하는 유교적 덕화주의는 후쿠자와에 의해 반문명적·반지적 사회의 유형으로 기술된다.

추장이란 자가 이미 권위를 얻었다 해도 무지한 인민은 이랬다 저랬다 일정하지 않아 이것을 유지하기가 매우 어렵다. 고상한 도리를 들추며 가르칠 수도 없고, 영원한 이익을 운운하며 설명할 수도 없다. 방향을 같이하여 함께 한 종족의 체재를 보존하기 위해서는 단지 자연스럽게 구비된 공포와 희열의 마음에 의뢰하여 눈앞의 화복禍福과 재행災幸을 나타내는 한 가지 방법이 있을 뿐이다. 이것을 군장君長의 은혜와 위력[恩威]이라 한다. 여기서 비로소 예악을 만들어 예로써 장상長上을 공경하는 것을 주로 하여 저절로 군위의 귀함을 알게 하고, 악으로써 무언無言 중에 우민愚民을 화합케 하여 저절로 군덕君德을 경모하는 마음이 생기게 하여 예악으로 백성의 마음을 빼앗고 정벌로 백성의 완력을 제압하며, 중서衆庶를 이끌어 알지 못하는 사이에 그 처소를 얻게 하고, 선한 자는 칭찬하여 희열의 마음을 느끼게 하고 악한 자는 벌하여 공포의 마음을 움츠러들게 하여, 은혜와 위력이 병행되어 인민도 자연스럽게 고통이 없는 것과 같다.

그렇다 하더라도 칭찬하고 벌주는 것을 모두 군장 마음대로 결정하면, 인민은 단지 칭찬과 처벌로 인해 두려워하거나 희열을 느낄 뿐이다. 칭찬과 처벌에 유래하는 연유의 도리는 알 리 없다. 그 사정이 마치 하늘의 화재禍災와 행복幸福을 입는 것처럼 하나같이 모두 그러한 것을 도모하지 않는데도 그러한 것으로써 일사일물도 우연히 나오지 않는 것이 없다. 따라서 한 나라의 군주는 인민보다도 우연한 화복에 유래하는 바의 원천을 받들어 이를 몸소 인류 이상으로 보지 않을 수 없다. 중국에서 군주를 존숭하여 하늘의 아들[天子]이라고 호칭하는 것도 아마도 이러한 사정에서 비롯하는 것이다.

오규 소라이는 고대 선왕이 예악으로 인민을 교화한 것은 마치 자연의 은혜인 화풍감우[11]가 저절로 식물을 양육한 것과 같은 교화라고 말했다.[12] 여기서 왕의 통치가 하늘의 은혜에 비유되고 있듯이 인민에게 왕은 '인류 이상'의, 그야말로 하늘이었다. 하늘에서 오는 포상은 생각지도 않은 하늘의 은혜이며, 형벌은 예기치 못한 하늘의 폭위暴威였다. 군주가 중국에서 '천자'天子로 호칭된 것은 바로 이 때문이라고 후쿠자와는 말한다. 그러나 군주가 '천자'인 것은 중국만이 아니다. 이 나라에서도 그렇다. 이 점을 생각하면 후쿠자와의 문명론적 담론 속의 반문명적인 전제적 황제지배국가 '중국'은 천황제국가 '일본'의 은유라고 간주할 수 있다. 확실히 후쿠자와는 천황제적 가족국가 일본을 예견하듯이 군주의 '은혜와 위력'으로 이루어진 인민통치의 세계는 마치 권위 있는 가장이 다스리는 하나의 대가족 같은 것이라고 말하고 있다. "단지 추장인 자는 혼자서 시세를 알고 은혜로써 기쁘게 하고 위력으로써 위협하여 한 종족의 인민 보기를 한 집[一家]의 아이 보듯이 하고, 이들을 보호·유지하여 크게는 생사여탈의 형벌부터 작게는 일상 가계의 아주 작은 일에 이르기까지도 군상君上과 관련되어 알지 못하는 것이 없다. 그 취지를 보면 천하는 그야말로 한 집과 같고 또한 하나의 교장敎場과 같으며, 군상은 그 집의 부모와 같고 위덕을 헤아릴 수 없는 것이 귀신과 같아 한 사람의 작용으로 부모와 교사와 귀신 등 세 가지 직을 겸대兼帶하는 자이다." '부모와 교사와 귀신'을 겸한 군주의 지배에 복종하는 세계를 후쿠자와는 '야만의 세상'이라고 말한다. 거기서는 어떤 의미에서도 지智가 작용할 여지가 없다.

---

11) 화풍감우(和風甘雨). 화창한 바람과 알맞은 비를 의미한다.—옮긴이
12) "선왕의 가르침, 곧 시서예악(詩書禮樂)은 예컨대 화창한 바람과 알맞은 비가 만물을 잘 기르는 것과 같다."(『弁名』,「性」)

"야만의 세상에서의 인간교제는 단지 은혜와 위력 두 가지만이 있을 뿐이다. 즉 은덕이 없으면 폭위가 되고, 인혜[仁惠]가 없으면 약탈이 된다. 양자 사이에서 지혜가 작용하는 것을 볼 수 없다."

"필경 야만스러운 불문[不文]의 시대에 인간교제를 지배하는 것은 단지 한 조각의 덕의뿐이며 그 밖에 쓸 만한 것이 없다는 명백한 증거이다."

후쿠자와에게 지력이 작용할 여지가 없이 단지 덕과 부덕만이 지배하는 세상은 야만스러운 불문의 세상이다. 그는 "어진 정치[仁政]는 야만스러운 불문의 세상이 아니면 쓸모가 없고, 어진 군주[仁君]는 야만스러운 불문의 백성[民]과 접하지 않으면 귀하지 않다"고 단언한다. 여기에서 우리는 인정[仁政]적 덕치주의를 야만스러운 불문의 세상의 통치라고 단언하는 후쿠자와의 급진주의를 보아야 할 것이다.

6. 인지 발달의 광경

덕과 부덕만이 지배하는 '야만스러운 불문[不文]의 세상'에 반해 사람의 지[智]가 작용하고 사람의 지력[智力]과 함께 만들어져 가는 사회는 어떠한 사회인가. 이에 앞서, 지력이란 무엇인가. 후쿠자와는 인문[人文]이 열림과 동시에 "천지간의 사물을 만나 이것을 가벼이 간과하는 일 없이 사물의 작용을 보면 그것이 작용하는 원인을 찾으려 하며, 설사 참된 원인을 찾지 못하더라도 이미 의심이 생기면 작용의 이해[利害]를 선택하여 이로움을 취하고 해로움을 피하는 공부를 거듭해야 한다"며 의심하고 탐구하고 관찰하고 공부를 거듭하는 인간 지력의 성립을 말한다. 그리고 서양 문명사회의 인간 지력 진보의 광경을 이렇게 묘사한다.

시험 삼아 오늘날 서양문명의 내용을 보면 대체로 몸 이외의 만물, 즉 사람이 오관으로 느끼는 것이 있으면 먼저 그 사물의 성질을 찾고 작용을 규명하고, 이어서 또 작용의 원인을 탐구하여 하나의 이익[一利]이라도 취해야 할 것은 취하고, 하나의 해로움[一害]이라도 제외해야 할 때는 제외하여 지금 세상의 인력이 미치는 곳에 진력하지 않은 것이 없다. 물과 불을 제어하여 증기를 만들면 태평양의 파도를 넘을 수 있고, 알펜Alpen 산이 높아도 이것을 부수면 차가 달릴 수 있다. …… 풍파의 해가 미치지 않게 하려면 항구를 만들어 배를 보호하고, 유행병이 유입되어 퍼지는 것을 막으려면 이것을 쫓아 인간에 근접하지 못하게 해야 한다.

인간에게 폭위를 떨친 자연의 힘을 제어하고 사람의 지혜로써 이익이 되도록 자연을 전환시켜 간 서양적 인지의 발전에서 선진 유럽 사람이나 후진 아시아 사람들 모두 빛나는 문명적 진보의 확실한 흔적[證跡]을 발견했다. 후쿠자와 역시 그러했다. 그렇지만 그가 인지에 의한 자연정복극의 단순한 숭배자가 되지 않은 것은 사회적 폭위로부터의 자유 또한 인지의 발전으로 보았기 때문이다.

이미 자연의 힘을 속박하여 내 범위 안에서 농락하였다. 그렇다면 어찌 혼자 인위의 힘을 두려워하여 이에 농락당할 리 있으랴. 인민의 지력이 점차 발생하면 인사에 대해서도 작용과 그 원인을 탐색하여 가벼이 간과하지 않는다. 성현의 말도 모조리 믿어서는 안 되며, 경전의 가르침도

의심할 만한 바가 있다. 요순의 치治를 부러워할 것도 없고, 충신의사의 행적을 본뜰 필요도 없다. 옛사람은 옛날에 존재하며 옛날 일을 이룬 자이다. 우리는 오늘날에 존재하며 오늘날의 일을 이루는 자이다. 어찌 옛날에서 배워 오늘날에 시행하랴. 전신[滿身]이 후련[谿如]해진 듯 천지 사이에 하나의 사물[一物]이 내 마음의 자유를 방해하는 일이 없어야 한다.

인간을 자연의 폭위로부터 해방한 지력은 인위의 폭위로부터의 자유도 가져다준다. 후쿠자와는 이러한 인식으로 문명을 향한 일본 사회변혁의 선구자가 되었다. 사회적인 폭위로부터 인간을 자유롭게 하는 지력을 믿는 자에게 폭위의 한 면에 감춰진 군주의 은혜와 신하의 헌신이라는 미덕도 '야만스러운 불문의 세상'의 낡은 유습으로 간주된다. 그때 "우리는 오늘날에 존재하며 오늘날의 일을 이루는 자"라고 자각하고, 지력이 행해져야 하는 세상으로서의 오늘날 일본을 발견해 간다. 여기에서 볼 수 있는 것은 오늘날 일본의 사회변혁자 후쿠자와라는 존재의 근저에서 비롯되는 감개일 것이다. 다시 한번 읽어 보자. "우리는 오늘날에 존재하며 오늘날의 일을 이루는 자이다. 어찌 옛날에서 배워 오늘날에 시행하랴. 전신이 후련해진 듯 천지 사이에 하나의 사물이 내 마음의 자유를 방해하는 일이 없어야 한다."

7. 독립 인민과 정부 : 급진적 리버럴리즘

자기의 지력을 충실히 하는 것과 자각하는 것은 일신을 자유롭게 한다. 지력은 이유 없는 구속, 즉 징벌적 구속이나 은혜적 구속으로부터 사람을 자유롭게 한다. 지력은 그야말로 일신의 독립을 가져온다. 그렇다면 일신의 자유와 독립을 얻은 자는 정치권력의 폭위에 어떻게 대처하는가. 여기서부터 후쿠자와의 기술은 루소의『사회계약론』을 떠올리게 한다. 루소는 시민이라는 계약을 구성하는 자립적 인간 주체를 전제로 자연사회에서 계약사회로의 전환을 설명했다. 후쿠자와 또한 여기서 지력으로 일신의 자유와 독립을 얻은 인민을 전제함으로써 정치사회를 가능한 한 정부와 인민의 관계에서 설명한다.

세상에 제멋대로 난폭하게 구는 자가 있으면 도리로써 이에 응하고, 이치로 누를 수 없으면 중서衆庶의 힘을 합쳐 제어해야 한다. 이치로 폭력을 제어하는 기세에 이르면 폭위에 기초한 명분 역시 제어해야 한다. 따라서 정부다 인민이다 해도 단지 명목이 다르고 직업이 나뉜 것뿐으로 지위에 상하 구별이 있어서는 안 된다. 정부는 인민을 잘 보호하고, 작고 약한 자를 돕고 난폭한 자를 제어하는 것이 곧 현재 맡은 직무로 이것을 과분한 공로라 칭하지는 않는다.

정부와 인민의 관계에 대해 문명한 사람의 마음에 물으면 다음과 같이 답할 것이다. 나라의 군주[國君]라 해도 동류의 사람일 뿐으로, 우연한 탄생에 의해 군장의 지위에 있는 자이거나, 또는 한때의 전쟁에 이겨 정부위에 선 자에 지나지 않는다. 국회의원이라 해도 원래 선거를 통한 일국의 신복臣僕일 뿐으로, 어찌 이러한 자들의 명령에 따라 일신의 덕의품행을 고치는 자가 있으랴. 정부는 정부고 우리는 우리로서 일신의 나에 대해서는 털끝만 한 일이라도 어찌 정부의 간섭을 받겠는가. 병비兵備, 형전刑典, 징악懲惡의 법도 우리 몸에는 쓸모없는 것이다. 이 때문에 세금을 내는 것이 우리의 책임은 아니라 하더라도 악인이 많은 세상에서 이들과 잡거하기 때문에 어쩔 수 없이 잠시 세금을 내지만, 실제로는 단지 악인에게 투여할 뿐이다. 그런데 하물며 정부가 종교, 학교를 지배하고 농공상의 법을 제시하며, 심하게는 일상 가계의 일을 지도하여 곧바로 우리를 향해 선을 권하고 생을 영위하는 도를 가르치기 위해서라며 돈을 내게 하는 데에 있어서랴. 가당치도 않은 것이 심하구나. 누군가 무릎을 꿇고 다른 사람에게 의뢰하여 우리에게 선행을 권하라고 청구하는 자가 있으랴. 누군가 돈을 내고 무지한 사람에게 의뢰하여 우리에게 삶을 영위[營生]하는 도를 가르치라고 탄원하는 자가 있으랴.

후쿠자와는 여기서 정부와 인민의 대등한 관계를 요구하고 있다. 정부는 공권력을 담당하고는 있지만 인민과의 사이에 직무상 상하의 차이가 있는 것은 아니라고 말한다. 여기서는 인민의 사권私權 자유가 철저하게 주장되고 있다. 정부가 법규를 정하여 인민의 영업에 간섭하고 일상에까지 개입하는 것은 배제되어야 한다. 하물며 종교도덕과 학교 교육에 공권력이 개입하는 것은 허용되지 않는다. "누군가 무릎을 꿇고 다른 사람에게 의뢰하여 우리에게 선행을 권하라고 청구하는 자가 있으랴"라고 후쿠자와는 말한다. 원래 여기서 후쿠자와의 필법은 문명화된 인민을 전제로 했을 때 가능한 정치사회로부터의 필법이다. 그러나 여기서 일신의 자유와 독립을 얻은 인민 앞에 정부의 공권력 행사 범위가 철저히 제한되고 제약되고 있음에 주목해야 할 것이다. 문명화된 세상의 정부는 "세상의 악을 저지하는 도구가 아니라, 사물의 순서를 지켜 시간을 절약하고 쓸모없는 노고를 적게 하기 위해 설정한 것일 뿐"이라고 여겨진다. 후쿠자와의 급진적 리버럴리즘 사상의 표현이다. 그것은 메이지유신이라는 변혁을 거치고도 여전히 공권력이 우위에 선 일본사회에서 후쿠자와 문명론이 갖는 급진주의이다. 원래 후쿠자와는 급진적 리버럴리즘의 정치적 실현을 곧바로 도모하지는 않았다. 그러나 메이지 공권력으로부터 일정한 거리를 시종 유지해 온 그의 입장을 뒷받침한 것은 바로 이 급진적 리버럴리즘이었다.

해독 6. '일본민족' 개념의 고고학
─'민족', '일본민족' 개념의 성립

"대만인이나 조선인이 혈통적으로나 문화적으로 아직 완전히 일본민족에 섞여[渾融] 동화되지 않았다는 것은 사실이다."

─시라야나기 슈코白柳秀湖, 『일본민족론』日本民族論

"아마도 그 당시에 이미 왜인들 사이에 문화적인 동족의식, 민족의식직인 것이 싹트고 있었겠지요."

─에가미 나미오江上波夫, 『일본인이란 무엇인가』日本人とは何か

1. 고고학적 해독이라는 작업

이 장에서는 '일본민족' 개념에 대해 고고학적으로 탐구하고자 한다. 이 것은 '일본민족'이라는 개념의 성립이 다시 탐구되어야 한다는 것을 의미한다. 그러나 개념의 성립을 고고학적으로 탐구하려는 시도가 곧 민족의 에스닉한 루트를 일본 열도 내외에서 찾으려는 것은 아니다. 에스닉한 기원의 탐색과 같은 학문 작업 역시 실제로는 '민족'이나 '일본민족'

개념의 성립과 함께 시작되었기 때문이다. 아니, 혹은 그 반대일지도 모른다. 일본민족의 에스닉한 루트에 대한 인류학적, 민족학적, 언어학적, 신화학적 관점에서의 탐색이 '일본민족'이라는 근대적 개념을 보다 확고하게 성립시켰다고 할 수 있기 때문이다. 예컨대 도쿄인류학회 창립 50주년을 기념한 『일본민족』이라는 제목의 논문집[1]은 1935년이라는 시기에, 바로 '일본민족' 개념이 큰 영향력을 발휘하는 시기에 간행되었다. 일본민족의 에스닉한 루트에 대해 민족학자, 언어학자 등이 사이비[僞似] 고대학자 등과 함께 벌이는 탐색은 지금도 계속되고 있다.[2]

그런데 '일본민족' 개념의 성립에 대해 이러한 글을 쓰는 것 자체가 이미 본고의 작업 방법과 관점을 나타내고 있다. 필자가 여기서 하고자 하는 것은 '일본민족' 개념의 성립에 대한 고고학적 해독 작업이다. '고고학'Archeology이란 개념을 낳은 역사적 담론의 지층을 정밀조사[精査]하는 것이며, '해독'이란 역사적 지층의 여러 담론 위에서 개념이 어떻게 성립하는지를 읽어 내는 것이다. 고고학적 해독 작업은 일본민족의 에스닉한 실체적 기원을 탐색하는 것이 아니므로, 오히려 기원을 찾는 학문적 지향과 담론 역시 동시에 비판적으로 해독되어야 한다.[3] 왜냐하면 '일본민

---

1) 『일본민족』(日本民族)은 도쿄인류학회(東京人類学会)에서 편찬한 것으로 후루하타 다네모토(古畑種基), 우에다 쓰네키치(上田常吉), 하세베 고톤도(長谷部言人), 마쓰모토 노부히로(松本信廣), 긴다이치 교스케(金田一京助), 하마다 고사쿠(浜田耕作) 등이 집필하여 1935년 이와나미쇼텐(岩波書店)에서 간행되었다.

2) 예컨대 에가미 나미오(江上波夫), 우메하라 다케시(梅原猛), 우에야마 슌페이(上山春平), 나카네 지에(中根千枝) 등이 참가한 심포지엄 '민족의 기원을 찾아서'(民族の起源を求めて)의 기록 (『日本人とは何か』, 小学館, 1980)을 참고하라.

3) 이러한 관점과 방법으로 이루어진 필자의 근대 일본의 지식·학문 해독 작업에 대해서는 『일본 근대사상 비판』(『日本近代思想批判——国知の成立』, 岩波現代文庫, 2003)을 참고할 것.

족'은 그러한 학문적 지향과 함께 사람들의 담론에 존재하기 때문이다.

'일본민족'이란 개념은 일본 근대사에서 분명히 재구성되었으며, '민족'이라는 개념 자체도 근대사 위에 성립한 개념이다. '일본민족' 개념이 성립된 시기는 우리보다 한두 세대 앞선 사람들이 속한, 지금으로부터 그리 멀지 않은 시대이다. 신화적 과거에 연원하는 일본국가와 민족의 영속성을 뒷받침하는 '일본민족' 개념은 일본 근대사, 일본의 20세기사에 성립되었다는 흔적을 확실히 찾을 수 있다.

2. 개념 성립을 둘러싼 '시차'

'민족'이나 '일본민족' 개념을 성립시킨 일본 근대사는 19세기 중엽에 개국통상을 요구하는 구미 선진국의 압력과 함께 시작되었다. 이 외압은 일본의 국내적 변혁을 촉진시켰다. 선진 제국이 주시하는 가운데 일본은 메이지유신과 더불어 근대국가 형성을 향한 발걸음을 황급히 떼기 시작하였다. 동아시아에서 1840년(아편전쟁)이라는 획기적인 근대사의 시작은 동아시아와 일본이 군사력을 동반한 유럽의 압력에 의해 자본주의적 세계 시스템으로 편입되는 것을 의미하기도 하였다. 유럽 선진국이 주시하는 가운데 일본이 취한 근대화 전략은 종속국화의 위험을 회피하고 하나의 독립국가로서의 근대화, 곧 선진국화를 어떻게 달성할 것인가 하는 데 있었다. 이러한 일국 선진국화(탈아입구脫亞入歐)는 일본이 취한 근대화의 기본전략이었다. 일본에서는 근대의 시작 자체가 이미 일본 내셔널리즘이 형성될 수 있는 요인을 갖고 있었다. 하지만 '일국독립'이 일본의 가장 중요한 국가적 표어로 떠오르면서 메이지 일본의 내셔널리즘이 이른 시기부터 발생했다 해도, 새로운 국가를 안에서 충실하게 만드는 '민족'nation 개념을 곧바로 가져온 것은 아니었다. 일국 인민의 연대적 공동성을 언어상으로 표현하는 것과 같은 이념이나 개념의 성립과, 정치적 현상으로서의 내셔널리즘의 발생 사이에는 시차時差가 존재한다.

그러나 이는 단지 내셔널리즘의 개념적 형성과 그 현상적 발생 간의 일반적 시차를 뜻하지 않는다. 근대 일본에서 일국 인민의 공동성과 관련된 '네이션' 관념은 후진국 일본이 선진 유럽제국의 '네이션' 관념을 모방하고 대항하면서 형성되었으므로 명확한 시차를 갖지 않을 수 없다. 이 시차는 선진국가와 후진국가 사이뿐만 아니라 서방과 동방 사이, 유럽과 아시아 사이의 모든 차이를 내포한 것이다. 이 시차를 넘어서 이루어진 근대 일본의 '네이션' 개념의 형성은 유럽으로부터의 번역적 전이라는 성격을 가질 수밖에 없다.[4] 유럽에서 성립한 근대 어휘에 번역상 대응할 수 있는 동의어는 일본에 없다. 그러므로 메이지 시기에 이루어진 번역이란 전이이다. 전이란 새로운 개념의 창출을 의미하는 이식이다. 개념의 이식은 상이한 토양에서 일어나는 것으로, 변용은 당연히 포함되어 있다. 일본인의 일국적 아이덴티티와 관련한 '민족' 개념은 유럽에 대한 모방과 대응이라는 양의적인 계기를 가지면서 그 시차를 뛰어넘어 20세기의 근대 일본에서 성립된다.

---

4) 서양에서 성립한 근대적 개념의 일본 도입은 한자어에 의한 번역적 전이로 이루어졌다. 번역적 전이를 매개한 한자어는 기성 한자어의 전용이거나 새로이 만들어진 근대 한자어이다. 근대 일본에서 한자·한자어가 갖는 문제에 대해서는 필자의 저서 『漢字論—不可避の他者』(岩波書店, 2003)를 참고할 것.

3. 사전에서의 '민족'

근대 일본의 국어사전상에서 '민족'이란 말의 성립사정을 살펴보자. 근대 국어사전의 편찬 작업은 한 나라 언어의 일국적인 공공성을 인정하는 작업이고, 또 당대의 언어표현이나 사용어휘를 '국어'로 삼고 그 공공적 사용을 인정하는 작업이기도 하다. 따라서 국어사전에 등록됨으로써 비로소 그 어휘의 공공적 성립을 말할 수 있다.[5] 필자가 여기서 주로 참조하는 것은 메이지 시기의 대표적인 국어사전『겐카이』[6]와 장기간에 걸친 증보정정 작업을 거쳐 쇼와 시기에 완성된『다이겐카이』이다.[7] 먼저 후자인『다이겐카이』에서의 '민족' 항목을 살펴보자.

> 민족民族 : 인민의 종족. 국가를 구성하는 인민의 언어, 민속, 정신감정, 역사관계 등의 공통에 기초한 단결. 다른 인종이 합쳐져 이루어시는 경우도 있고, 한 인종 속에 분립하는 경우도 있다.

여기서 먼저 '인민의 종족'이라고 되어 있는 것이 '민족'이라는 한자어의 어휘적 성립사정을 설명하고 있다. '민족'이란 '인민'과 그 '종족'이

---

5) 필자에게 '국어사전'을 보는 이러한 관점을 가르쳐 준 것은 부르디외이다. ピェール・ブルデュー,『話すということ—言語的交換のエコノミー』, 稲賀繁美 訳, 藤原書店, 1993.

6)『겐카이』(言海)는 오쓰키 후미히코(大槻文彦)가 문부성의 명을 받아 1875년에 편찬 작업을 시작하여 1886년에 완성시켰다. 1889~91년에 간행되었으며, 표준 국어사전으로서의 권위를 오랫동안 갖고 있었다.

7)『겐카이』 증보정정 작업은 메이지 말년부터 시작되었고, 1928년 오쓰키 후미히코의 사망 후 세키네 마사나오(關根正直)·신무라 이즈루(新村出)의 지도 아래『다이겐카이』(大言海) 편찬 작업으로 계승되어, 1932~37년에 간행되었다. 쇼와 전기의 대표적인 국어사전이다.

합성된 어휘라는 것이다. '민족'의 동의어로 '민종'民種이 있는 것도 같은 사정에 의한 것일 것이다. '인민의 종족'으로서 '민족'이란 말의 성립과 그 사용은『다이겐카이』가 발행된 시점을 40년 정도 거슬러 올라가는 메이지 중기, 즉『겐카이』간행 때쯤으로 간주된다. 다만 메이지정부의 명을 받은 오쓰키 후미히코가 1875년에 편찬하기 시작한『겐카이』에는 아직 '민족', '민종'이라는 어휘가 없다. '민'이라는 글자를 갖는 어휘로 '민권', '민선', '민사' 등 근대의 정치적·법률적 용어가 발견되지만 '민족'은 없다. '민족'이란 말은『겐카이』편찬 작업이 종료된 1886년까지는 공공적으로 사용되는 국어어휘로 인정받지 못했을 것이다.『겐카이』를 통해 이 사실을 알게 되면서 필자는 '민족' 개념에 대한 고고학적 탐구의 필요성을 느끼게 되었다.

한편『겐카이』에는 '인종' 항목이 있는데, "사람의 종족, 사람의 골격, 피부색, 언어 등이 대동소이한, 세계 인민을 몇몇으로 구별하는 명칭"이라고 설명되어 있다. 인류학적인 인종적 차이에 대한 관점은 근대 일본에 일찍부터 수용되어 '인종'이라는 개념은 이미 사전에 포함되어 있다. 이것을 보면 '인민의 종족'이라는 종족적 '민족' 개념의 성립 시점은 '인종' 개념의 성립과 그리 멀지 않은 것으로 간주된다. 그리고『겐카이』간행 시에는 이미 '인민의 종족'으로서의 '민족' 개념이 성립했을 것이다. 1909년에 간행된『일본품사사전』[8]을 보면 '명사' 리스트 속에 이미 '민족'이라는 어휘가 있고 '민종'이 동의어라고 되어 있다. 메이지 말기

---

8) 佐竹八郎,『日本品詞辭典』, 六合館, 1909. 일본어 어휘를 품사마다 유형분류하고 작문에 도움을 줄 목적으로 편찬된 사전.

에서 다이쇼에 걸쳐 간행된 국어사전과 한화漢和사전에는 '인민의 종족'이라는 뜻으로서의 '민족' 어휘가 기본적으로 수용되어 있다.

『다이겐카이』로 되돌아오면 거기서는 먼저 '인민의 종족'으로서 '민족' 어휘의 성립사정이 언급된 후에 "국가를 구성하는 인민의 언어, 민속, 정신감정, 역사관계 등의 공통에 기초한 단결"이라는 해설이 더해지고 있다. 이것은 확실히 '인민의 종족'이라는 인종적 개념과는 별개의 새로운 '민족' 개념의 성립을 알리는 것이다. 이 설명문은 단일 정치공동체 안에서 역사적 문화와 고국을 공유하는 모두를 결합하는 문화적·정치적 유대紐帶로서의 '네이션' 개념[9]이 '민족'이라는 말로 재구성되고 있음을 보여 주고 있다. 앤서니 스미스가 내셔널 아이덴티티의 서구적 모델이라고 하는, '공통의 역사적 기억, 신화, 상징, 전통'에 의해 구성원을 결합하는 문화공동체로서의 '네이션' 개념[10]이 현대 일본의 '민족'이라는 말로 전이되고 있는 것이다.『다이겐카이』가 완성되어 간행된 1925년부터 1930년 말에 걸친 시대는 신화, 언어, 역사적 기억을 공유하는 일본인이라는 일본의 '민족' 개념, 곧 '일본민족' 개념이 일본제국을 뒷받침하는 이념으로 구성되어 간 시대였다고 할 수 있을 것이다.[11]

---

9) アントニー·D·スミス,『ナショナリズムの生命力』, 高柳先男 訳, 晶文社, 1998. Anthony D. Smith, *National Identity*, Penguin Books, 1991.

10) 스미스는 위의 책에서 이 서구적 '네이션' 모델에 비서구적 모델을 대치시키고 있다. 그는 후자를 네이션의 '에스닉' 개념이라 부르고 있다. 필자는 스미스가 '네이션'을 종류별로 유형화한 것의 의미는 인정하지만, 서구적·비서구적이라는 유형 구분에는 동의하지 않는다. 이 책은 근대국가 형성에서 동과 서, 혹은 선진과 후진이라는 '시차'를 인정하지 않고 전개되는 논의의 통폐에서 벗어나지 못하고 있다.

11) 현대 일본의 국어사전에서는 '민족'이 문화공동체적인 '네이션' 개념으로 설명되고 있다. 예컨대『고지엔』(『廣辭苑』第四版, 岩波書店, 1991)은 '민족'(nation)은 "문화의 전통을 공유함으로써 역사적으로 형성되어 동족의식을 갖는 사람들의 집단"이라고 설명하고 있다.

그러나 이것은 '인민의 종족'으로서의 에스닉한 '민족' 개념이 문화 공동체적인 '민족' 개념으로 치환되었다는 것을 의미하는 것은 아니다. 이는 오히려 일본인이라는 '민족'에 대한 보다 명확한 동일성 자각과 차이화差異化 요구에 기초한다. 이 자각과 요구는 종족적임과 동시에 문화적인 '일본민족' 개념을 초래한다.

4. '민족' 개념의 전이적 성립

맑스주의 계열의 정치학자 스즈키 야스조[12]가 근대 일본에서 '민족' 개념의 성립과 전개에 대해 귀중한 고찰을 한 바 있다. 그것은 1943년, 바로 전쟁 기간에 간행된 총서 '민족과학대계' 중 한 권인 『일본민족론』[13]에 수록된 논문에서이다. 이 논문에 대해 언급하기 전에 태평양전쟁이 한창이었던 시기에 간행된 '민족과학대계'라는 총서에 대해 먼저 살펴보고자 한다. 스즈키 야스조와 같은 맑스주의 계열의 사회과학자와 하세가와 뇨제칸[14] 등의 리버럴한 논자에 더하여 그 카무플라주camouflage[위장]로서 고바야시 히데오,[15] 아사노 아키라[16] 등의 내셔널리스트 문학자도 집필진에 포함된 이 총서는 간행 취지를 이렇게 설명하고 있다.

---

12) 스즈키 야스조(鈴木安藏, 1904~1983). 헌법학자로 전전에는 맑스주의의 입장에서 일본제국 헌법을 비롯한 헌법사, 정치사를 연구하였으나 전후에는 헌법연구회 발족에 참가하여 헌법 시안인 「헌법초안요강」을 기초하였다.—옮긴이
13) 『일본민족론』(日本民族論)은 총서 '민족과학대계'(民族科学大系)의 제9권으로 데이코쿠쇼인 (帝国書院)에서 1943년에 간행되었다. 이 책에 게재된 스즈키의 논문 제목은 「메이지 전기 의 민족주의적 사조 및 민족론」이다. 필자는 이 스즈키의 논문에서 '민족' 개념에 대한 귀중 한 시사를 얻었다.
14) 하세가와 뇨제칸(長谷川如是閑, 1875~1969). 저널리스트이자 평론가.—옮긴이

민족의 세기에 생을 향유하는 우리는 세기가 요청하는 세계질서 건설에 매진하는 것을 사명으로 한다. 일찍이 우리는 신질서를 건설하는 데 있어 민족문제를 새로이 올바르게 인식하여 정책에 오류가 없도록 할 필요가 있다. 본 대계는 민족이 제시[目示]하는 모든 문제를 새로운 관점에서 해설하려는 것이다.

이 문장은 민족문제를 집대성한다는 이 총서가 어떠한 시대인식하에 발간되는지를 명확히 보여 주고 있다. 총서 편집에 관여한 사람들은 자신들이 살아가는 시대를 '민족의 세기'로 인식하고 있으며, 새로운 '세계질서 건설'이 '민족의 세기'에 사는 일본인에게 부과된 사명이라고 말하고 있다. 새로운 '세계질서 건설'은 아시아의 맹주로서 세계 재편성을 요구하며 일본제국이 내건 슬로건이었다. '동아 신질서' 건설은 중국 대륙에서 일본이 전쟁을 목적으로 내건 이념이었다. '세계질서 건설'이라는 이념에 입각한 전쟁 수행은 '민족의 세기'인 이 시대의 요청에 부응하는 일본민족의 사명이었다. 어떠한 시대에 '민족'이 세기의 문제로 간주되었는지 우리는 위 문장을 통해 자세히 알 수 있다. '일본민족'이라는 개념 성립과 아시아에서의 제국 일본에 의한 전쟁 개시 사이의 시차는 거의 나지 않는다. 혹은 거의 동시라고도 할 수 있다. 필자는 이 점에 대해 이후 다시 검증할 것이다.

메이지 전기의 일본에 있어서 내셔널리즘의 전개와 '민족' 개념의

---

15) 고바야시 히데오(小林秀雄, 1902~1983). 문예평론가. 일본 근대비평의 기틀을 마련한 전전 일본의 지성으로 평가받는다.―옮긴이
16) 아사노 아키라(浅野晃, 1901~1990). 시인이자 국문학자.―옮긴이

성립을 검증한 스즈키는 '네이션' 개념의 번역을 둘러싸고 귀중한 지적을 하였다. 확실히 메이지 20년(1887)대에 접어들어서도 '네이션'으로서의 '민족' 개념이 성립했다고는 할 수 없지만, 이 시대에 '네이션'의 정치학적 개념이 일본에 전혀 소개되지 않았던 것은 아니라고 말하며 그는 몇 가지의 번역 사례를 들고 있다. 이 장의 서두에서도 밝혔듯이 후진 일본의 정치적·사회적·학문적 근대 용어는 기본적으로 선진 유럽으로부터의 번역적 전이로 이루어진 것이고, 이러한 의미에서 번역이 메이지 일본에서 갖는 의미는 대단히 크다. 스즈키는 독일의 정치학자 블룬칠리[17]의 『국가론』 번역본과, 도쿄대학에 초빙되어 강의한 독일 정치학자 라트겐[18]의 『정치학』(상권 「국가편」) 번역본[19]을 사례로 들고 있다. 전자인 블룬칠리의 『국가론』 제2권 「국민과 국토」에서 '족민'族民(Nation)과 '국민'國民(Volk)을 정의하는 부분은 이렇게 번역되고 있다.

족민이란 종족을 서로 같이하는 일정한 민중을 말하며, 국민이란 같은 국토 안에 거주하는 일정한 민중을 말한다. 따라서 한 족민이 여러 국가로 분열하고 한 국가가 몇 종의 족민을 함께 가질 수 있지만, 국민은 그렇지 않다.

---

17) 블룬칠리(Johann Kaspar Bluntschli, 1808~1881). 스위스 태생의 독일 법학자이자 정치학자. 스위스에 국제법연구소를 설립하여 총재가 되었다. 전문분야는 사법·국제법·국가학 등 매우 광범위하며, 특히 국가학 분야의 국가유기체설로 유명하다. 저서에 『근대국가론』(Lebre vom modernen Staat) 등이 있다.―옮긴이
18) 라트겐(Karl Rathgen, 1856~1921). 경제학자이자 정치학자. 1882~1990년 도쿄데이코쿠대학에서 공법, 행정학 등을 강의하였고 일본 농상무성 고문을 지냈다.―옮긴이
19) ブルンチュリー, 『國家論』, 平田東助 等訳, 1889. ラートゲン, 「國家編」, 『政治学』 上卷, 山崎哲藏 訳, 1891. 두 문헌 모두 스즈키의 「메이지 전기의 민족주의적 사조 및 민족론」에 의거함.

그리고 후자인 라트겐의 『정치학』 제3장 「사회적 요소」에서 '족민'
과 '국민'을 논한 곳은 이렇게 번역되고 있다.

족민과 국민은 명의名義는 서로 비슷하나 의의意義는 서로 다르다. 족민
이란 종족을 같이하는 일정한 민중을 말하고, 국민이란 같은 나라 안에
거주하는 일정한 민중을 말한다. 족민은 인종학상의 의의로서 법인 자
격을 갖지 않으나, 국민은 법률상의 의의로서 법인 자격을 갖는다.

어느 것이나 '네이션'을 '종족을 같이하는 일정한 민중'을 말한다
고 하면서 그에 대해 '족민'이라는 번역어를 붙이고 있다. 우리는 여기
서 '네이션'이 '인종' 개념과 강하게 결합된 종족 개념으로 정의되어 '족
민'이란 말로 번역되었음에 주의해야 할 것이다. 이미 라트겐은 '족민'을
'인종학상의 의의'를 갖고 규정하고 있다. 그렇다면 '인민의 종족'을 '민
족'이라고 한 메이지 일본의 종족적 '민족' 개념은 독일계 정치학의 '민
족'nation 개념의 계보를 잇는 것이라 할 수 있을 것이다.

홉스봄은 1870~1918년 유럽에서의 내셔널리즘 변용을 가리켜 "에
스니시티와 언어가 네이션일 수 있다는 중심적인 의의를 갖게 되고 점차
결정적 기준이 되면서 유일한 기준으로 간주되는 일조차 있었다"[20]고 말
하고 있다. 19세기 후기 유럽을 석권한 에스닉한 '네이션' 개념은 내셔널
리즘과 함께 근대국가 건설기의 메이지 일본에 전이된다. 블룬칠리와 라

---

20) E·J·ホブズボーム, 『ナショナリズムの現在』, 浜林正夫 他訳, 大月書店, 2001. E. J. Hobsbawm,
   Nations and Nationalism since 1780 : Programme, Myth, Reality, Cambridge Univ.
   Press, 1992.

트겐의 고국인 독일은 1871년에 프로이센을 맹주로 한 독일제국으로 통일되었고, 이탈리아 역시 같은 해에 근대적 통일국가로 재형성된다. 이같은 유럽의 후진 국가들은 선진 자본주의 국가에 대항의식을 가지면서 스스로를 강력한 통일 민족국가nation state로 확립하려 한다. 1871년의 독일제국 성립은 유럽에서의 새로운 패권국가 성립을 뜻했다. 그리고 세계사가 제국주의 국가 간의 격렬한 각축 시대로 접어든 시기로 구획되는 것은 1880년으로, '내셔널리즘'은 이 시기 유럽의 발명품이었다.

후진국 일본이 메이지유신을 거쳐 잰걸음으로 근대국가 형성으로 향하는 것 역시 19세기 후기이다. 홉스봄이 세계사를 구획한 1870~1918년은 일본 연호로는 메이지 3년~다이쇼 7년으로, 후진 일본이 선진국화를 달성한 시기이다. 일본의 근대국가 형성은 유럽의 새로운 패권국가인 독일제국을 모델로 하게 된다. 제국헌법뿐만 아니라 일본의 '민족' 개념 역시 독일적으로 재구성된다. 동일종족적 '민족국가'nation state 일본은 독일적 '민족' 개념에 기초하여 이루어진 것이다. 스즈키 야스조는 이들 번역문을 인용하면서 "민족, 국민 등의 개념 규정은 혈연공동설血緣共同說적 민족 개념으로서 독일인 학자들의 여러 학설에 의해 점차 일본에 자리 잡게 되었다"고 말하고 있다.

5. 국수주의적 '일본'

1888년 미야케 세쓰레이,[21] 시가 시게타카,[22] 스기우라 주고[23] 등은 메이지정부의 서구화주의 정책을 비판하는 국수주의적 언론집단 세이쿄샤[24]를 결성한다. 그들은 잡지 『일본인』日本人을 간행하여 구가 가쓰난[25]

의 신문『일본』日本과 함께 메이지 중기 일본 내셔널리즘 담론을 강력히 전개해 갔다.

세이쿄샤와 대립하는 도쿠토미 소호[26]의 민유샤[27] 계열『국민신문』 기자였던 역사평론가 야마지 아이잔[28]은 세이쿄샤 계열의 담론들을 '보수적 반동'이라고 하면서도 그것은 '국민적 자각의 한 현상'에 틀림없다고 하고, 나아가 내셔널리즘 담론의 유래는 19세기 후기 유럽제국의 국민운동에 있다고 하였다. "그들은 1871년 독일 통일을 사상사의 지표로 삼으며 그 전후에 일어난 유럽제국의 국민운동 정신을 호흡하였다."[29] 이렇듯 야마지 아이잔은 19세기 후기 유럽에서의 내셔널리즘이 메이지

---

21) 미야케 세쓰레이(三宅雪嶺, 1860~1945). 철학자이자 평론가. 국수주의적 입장을 주장하기 위해『일본인』(日本人)을 창간하였다. 대표 저서로는『진선미 일본인』(眞善美日本人),『위악추 일본인』(僞惡醜日本人) 등이 있다.―옮긴이

22) 시가 시게타카(志賀重昻, 1863~1927). 지리학자. 국수적 내셔널리즘을 펼친 대표적 인물 가운데 한 사람이다. 대표 저서로는『일본풍경론』(日本風景論)이 있다.―옮긴이

23) 스기우라 주고(杉浦重剛, 1855~1924). 사상가이자 교육자. 재야에서 언론과 교육 활동을 하며 국수주의를 주장했다.―옮긴이

24) 세이쿄샤(政敎社). 1888년에 결성된 정치평론단체로 기관지『일본인』(후에『일본과 일본인』)을 발행하고 단행본도 출판했다. 주로 서구화에 맹진(盲進)할 것이 아니라 서구문화를 소화하면서 수용해야 하고, 일반 국민의 행복을 중시하면서도 그 전제로서 국가의 독립과 국민성을 중시해야 한다는 국수주의적 입장을 견지하였다.―옮긴이

25) 구가 가쓰난(陸羯南, 1857~1907). 국민주의적 저널리스트. 정론(政論) 중심의 언론활동을 하였다.―옮긴이

26) 도쿠토미 소호(德富蘇峰, 1863~1957). 저널리스트, 평론가, 역사가, 정치가. 청일전쟁 이전부터 조선출병론을 강력히 주장하였으며, 청일전쟁 후 삼국간섭의 영향을 받아 평민주의에서 강경 국권론·국가팽창주의로 전환하였다.『국민의 벗』(国民之友)와『국민신문』(国民新聞)에 실렸던 사설을 수록한『대일본 팽창론』(大日本膨脹論)을 간행했다.―옮긴이

27) 민유샤(民友社). 도쿠토미 소호가 1887년에 설립한 언론단체·출판사이다.―옮긴이

28) 야마지 아이잔(山路愛山, 1865~1917). 평론가이자 역사가.―옮긴이

29) 山路愛山,「現代日本教会史論」,『基督教評論·日本人民史』, 岩波文庫, 1966. 이「현대 일본 교회사론」(現代日本教会史論)과「예수전 관견」(耶蘇伝管見)으로 구성된『기독교평론』(基督教評論)은 1906년 게이세이샤(警醒社)에서 간행되었다.

중기에 일본에 전이된 것임을 정확히 파악하고 있다. 시가의 국수주의적 '일본' 주장, 미야케의 인종주의적 '일본인' 주장 모두 19세기 후기 세계사世界史상의 일본에서 주장된 것이다. 이렇듯 일국주의적 담론인 내셔널리즘도 세계사적인 문맥을 갖고 있다.

"그렇다면 우리 일본도 마찬가지로 우리 국수國粹를 정신과 골수로 삼고, 야마토민족이 현재와 미래 사이에 변화하고 개량하는 표준과 기본을 이룬 다음에, 다른 나라의 장점과 뛰어난 점을 수입하여 이른바 '일본의 개화'라는 것을 만들어 내는 것이 어찌 일대 쾌활한 사업이 아니겠는가"[30]라며 시가는 스스로의 '국수보존'의 입장을 말한다. '일본인이란 무엇인가'라는 물음을 던진 미야케는 인류사에서 달성해야 할 일본인의 임무를 본질·특성·능력의 인식을 통해 명확히 하려 한다. 미야케가 인종 개념을 전제로 하면서 일본인의 임무에 대해 언급한 것을 살펴보자. 그는 "일본인은 이른바 몽고인종이다"라고 스스로를 인종적으로 규정한다. 그리고 거기서부터 유럽의 아리안종에 대한 몽고종·일본인이라는 대항적 인종 담론을 전개해 나간다.

19세기는 그야말로 끝나 가고 있다. 그리고 아리안의 왕성한 운세 역시 다하고 있다. 그들이 지금 동양문제에 열심히 매달리는 것은 그야말로 몽고인종을 곤한 잠[困睡]에서 깨어나게 함으로써 중대한 임무가 있음을 알게 하고 이들로 하여금 아리안과 치구[31]하여 세계의 원만한 궁극적 해결[極處]을 찾으려 함이다.[32]

---

30) 志賀重昻,「'日本人'が懷抱する處の旨義を告白す」,『日本人』第二號, 政教社, 1889年 4月.

19세기가 끝나 가는 지금 아리안인종·유럽인의 왕성한 운 역시 끝나가고 있다고 미야케는 말한다. 그들은 아시아 경략經略에 힘쓰고 있으나, 그 실행 자체가 몽고인종·일본인의 각성을 촉진하고 이들의 임무를 자각케 함으로써 일본인을 유럽인과 경주시켜 세계를 위한 원만하고 궁극적인 해결책을 찾게 하는 것이기 때문이라고 미야케는 말하고 있다. 여기서 미야케는 19세기 후기 제국주의시대에 접어든 유럽의 아시아 경략과 이에 대항적으로 교착하는 아시아 신흥국 일본의 위치를 인종론적인 민족주의 담론으로 묘사하고 있다. 여기서 19세기 후기 유럽 정치지도상의 신흥제국 독일의 위치는 민족주의와 함께 아시아 신흥제국 일본으로 옮겨지고 있다. 또한, 종족적 '민족' 개념을 전제로 한 새로운 일본 내셔널리즘이 후진적 근대국가 일본의 '골수'라 할 만한 '일본'과 '일본인'이라는 아이덴티티를 구성하게 된다. 시가는 지리적 경관으로서의 '일본'을 최초로 묘사하고,[33] 미야케는 『진선미 일본인』을 통해 최초의 '일본인'론 저자가 된다.

6. '일본민족' 개념의 성립

시가 시게타카나 미야케 세쓰레이 등 세이쿄샤 동인들이 1888년 창간한 잡지 『일본인』은 메이지정부의 탄압으로 폐간과 복간을 수차례 반복한다. 1895년 폐간 후 10여 년이 지난 1907년에 미야케를 중심으로 『일본

---

31) 치구(馳驅). 남을 위해 분주하게 돌아다니는 것을 가리킨다.—옮긴이
32) 三宅雪嶺, 『眞善美日本人』, 政教社, 1891.
33) 志賀重昂, 『日本風景論』, 政教社, 1894.

과 일본인』日本及日本人으로 개명되어 재간되었다. 『일본과 일본인』은 관동대지진으로 일시 휴간했지만 태평양전쟁의 패색이 농후해진 1944년에 이르기까지 계속해서 간행되었다. 따라서 『일본인』과 그 후신인 『일본과 일본인』은 1888년에서 1944년에 이르는 시대, 즉 그야말로 일본제국의 성립기부터 융성기를 거쳐 좌절에 이르는 시대까지 일본 내셔널리즘의 중요한 증언자로서 의미를 갖게 되었다.

필자는 2006년 1월 국회도서관에서 『일본인』과 『일본과 일본인』의 창간 당시부터의 목차를 차례로 넘기며 일본 내셔널리즘의 담론상의 변용을 추적하였다.[34] 그리고 20세기에 들어 『일본과 일본인』으로 재간된 이 잡지의 목차에 '민족'이나 '일본민족'이라는 어휘가 범람할 것이라고 예상했었다. 그러나 필자의 예상은 빗나갔다. 동 잡지의 40년에 걸친 간행 과정에서 일본 내셔널리즘을 둘러싼 다양한 제목상의 표현이 존재함에도 불구하고 '민족', 특히 '일본민족'이라는 어휘는 쇼와 초기에 이르기까지 목차의 제목에는 거의 나타나지 않는다.[35] 그런데 1929년에 이르러 갑자기 '민족'과 '일본민족'이라는 말이 전면적으로 제목에 등장한다.

『일본과 일본인』 1929년 11월의 188호는 '세계진출호'라는 특집 명칭을 내걸고 '일본민족의 개성과 그 사명', '대동연합과 일본의 사명'과 같은 '주장'을 내세우고, 나아가 「민족은 정신종이다」(히다카 니니히코 日高瓊々彦), 「세계 흥망의 원칙을 깨는 일본민족」(사이토 요카齊藤弔花), 「천

---

34) 필자가 검증하고 있는 것은 제목에 이들 어휘가 사용된 데 대해서이다. 이들 어휘가 주제로서 다루어지고 있는지 어떤지를 검증하는 것을 목적으로 한다.
35) 1913생년호에 국수파 가인(歌人) 미쓰이 고시(三井甲之)의 「민족생활의 종횡단면」(民族生活の縱橫斷面)이라는 논설이 두 번 나타나는 것은 거의 예외적인 사례이다.

손민족의 남미진출」(이토 요네이치^{伊藤米一}), 「먼저 우리나라의 특성을 깨닫자」(사토 기요카쓰^{佐藤淸勝}) 등의 논설을 싣고 있다. 더욱이 1930년 5월의 202호는 '일본민족과 문화연구' 특집을 「민족원리」(히다카 니니히코), 「일본 고유문화의 연원」(요시카즈 기이치^{樋口喜一}) 등의 논설로 구성하고 있다. 쇼와 초기 『일본과 일본인』에 당돌한 형태로 출현하여 제목이나 지면에 넘쳐나는 '민족' 개념은 이미 단지 종족적인 것이 아니다. 여기서는 『다이겐카이』가 "국가를 구성하는 인민의 언어, 민속, 정신감정, 역사관계 등의 공통에 기초한 단결"이라고 설명한 '민족', 즉 역사적·문화적 아이덴티티를 갖고 결합된 인간집단으로서의 '민족'의 의의가 대폭 부가되어 우월적으로 차별된 종족 개념 '일본민족'이 새롭게 구성되고 있다. 일본신화를 공유하고, 이 신화적 기원에서 발생하는 황통의 연속성을 자랑할 만한 나의 역사로 계승하고, 왕조문화에 대한 동경심을 공유하는 일본인이라는 식의 '민족'이 여기에 존재하기에 이른다. '일본민족'을 우월적으로 차별화해 가는 논리와 소재는 이 개념과 거의 같은 시기에 성립한 일본신도사^{神道史}, 일본정신사, 일본문화사 같은 쇼와의 학술적 담론이 제공하게 된다.[36] 1925년에서 1940년대에 이르는 쇼와 전기라는 시대는 자국의 정신적·문화적 전통을 학술적으로 재구성해 감과 동시에 '일본민족'이라는 개념도 성립시킨다.

---

36) 필자는 이미 일본사상사나 일본정신사라는 학술적 담론이 일본 근대사의 특정 시기, 즉 1920년대에서 1930년대에 걸쳐 성립하였다는 점을 앞의 책 『일본 근대사상 비판』에서 지적한 바 있다.

7. '일본민족' 개념의 이중화

일본의 쇼와 전기는 만주사변(1931)에서 중일전쟁(1937), 태평양전쟁 (1941)에 이르는 15년 전쟁이라는 대외적 긴장과 전쟁으로 이어진 시대 였다. 그리고 일본제국이 구미적인 세계질서 재편성을 요구하며 아시아 에서 제국적 판도의 확립을 도모한 시대였다. 일본을 지도적 국가로 한 아시아의 신질서 확립은 쇼와의 15년 전쟁을 통해 계속해서 고수한 제 국 일본의 이념이며 목적이기도 했다. 제국 일본에 의해 재구성된 '민족' 개념, 즉 아시아에서 지도적 일본의 우월적 차별화로서의 '민족' 개념이 바로 '일본민족'이라는 개념이었다. '일본민족' 개념이 성립하는 것은 15 년 전쟁과 함께 시작된 쇼와라는 시대이다.

　　더욱이 '일본민족'은 왕권신화에 기초하여 '천손민족'으로 재구성된 다. 혹은 '일본민족' 개념이 그 내부에 본원적 민족으로서의 '천손민족' 개념을 낳는다고 해야 할지도 모른다. '천손민족'이야말로 쇼와 파시즘 기의 천황제국가 일본이 낳은 신화적 '민족' 개념이다. 『다이겐카이』는 '천손민족'(야마토민족)을 천상의 신과 신화적 계보로 이어진 천황이 통 치하는 '대일본국을 형성하는 중심 민족'이며, 천상의 신의 나라[高天原] 에서 일본 열도[大八州]로 이주했다고 신화가 전하는 민족이라고 설명하 고 있다. 새로운 문화공동체적 '민족' 개념을 사전상에서 설명하는 『다이 겐카이』가 동시에 '천손민족'의 의의에 대해서도 설명하고 있는 것은 그 것이 쇼와 전기에 성립한 국어사전이라는 것을 증명하고 있다. '천손민 족'이란 일본제국에 영유되어 새로이 국민이 된 외지(外地) 주민에 대해 본 토 주민을 신화적 '민족' 개념으로 우월적으로 차별화하는 개념이다. "대만인이나 조선인이 혈통적으로나 문화적으로 아직 완전히 일본민족에 섞여 동화되지 않았다는 것은 사실"이라고 쓴 시라야나기 슈코는 일본민족의 중심이 되는 민족을 '천손민종'天孫民種이라고 말한다.[37]

일본민족의 핵심이 되고 추축樞軸이 된 민종民種은 말할 필요도 없이 다카마노하라 민종高天原民種, 즉 천손민종이어야 한다. 다카마노하라 민종이 곧 원原일본인이다. 그래서 다카마노하라 민종은 어디서 왔는지와, 다카마노하라는 어디인가가 문제가 된다.

여기서는 '일본민족'이 동심원적으로 이중화되어 중심의 원 안에 '천손민족'이 존재하게 된다. 이것은 바로 대만, 조선, 만주를 포함한 일본제국 성립에 대응한 '일본민족' 개념의 이중화이다. 동화 일본인에 대한 고유 일본인의 구별이 원原일본민족으로서의 '천손민족' 개념을 요구하는 것이다.

1945년 패전의 좌절은 일본제국과 함께 이중화된 '일본민족' 개념도 소멸시켰다. 일본인의 제국 체험은 지배와 종속 관계에서 타他언어 민족을 동화시켜 포섭하는 체험이었다. 일본인이 겪은 '본토-외지'라는 제국적 판도의 체험은 국토, 민족, 언어에 대한 '내부-외부'라는 의식의 이중화 체험이기도 했다. 외부를 포섭하면서 외부는 여전히 외부로 남아 있어야만 하는 것으로서 내부의 존엄화와 절대화가 제국 일본인의 의식

---

37) 白柳秀湖, 『日本民族論』, 千倉書房, 1942.

과 담론 속에서 수행되고 있었다. 국토 속에 원原국토가 존재하고, 국어 속에 원국어가 존재하며, 민족 속에 원민족이 존재한다.

그렇다면, 제국의 좌절 이후 이런 이중화 의식도 좌절되었을까. 다시 대국화한 전후 일본은 이중성을 변용하면서 재생한다. '국어'가 사멸하고 '일본어'가 생긴 것이 아니다. 내부 '국어'와 외부 '일본어'의 병존은 현대 일본의 이중성을 단적으로 말해 준다.[38] 역사 바로 세우기란 이러한 내부 '일본'의 재생에 대한 집요한 요구일 것이다. 그렇기에 일본 내셔널리즘에 대한 비판적 해독은 지금 우리에게 부과된 실천적 과제이다.

---

38) 이 문제에 대해서는 필자의 논문 「国語」は死して'日本語'は生まれたか」을 참조할 것.

— 와쓰지 데쓰로의 윤리학에 대해 : 에식스에서 윤리로

"윤리를 단지 '개인의식'의 문제로 보는 근세의 오류에서 탈각하는 것이다."
— 와쓰지 데쓰로和辻哲郎, 『윤리학』倫理学, 「서론」

1. 먼저 '윤리학'이 있었다

메이지에 시작된 근대 일본에 먼저 '윤리학'이 있었다. 즉, '윤리 문제'
에 앞서 '윤리학'이 있었던 것이다. '윤리학'이란 ethics의 번역어로서 학
술 개념으로 근대 유럽에서 성립한 윤리학이다. '윤리학'이 먼저 있었다
고 말할 때 '윤리'라는 어휘가 한학적 전통 속에 존재하고 있었는지의 여
부가 문제되는 것은 아니다. 그것은 새로운 번역어 '윤리학'의 어휘적 성
립의 전제로 '윤리'가 있다는 것에 지나지 않는다. 그것은 근대 '정치학'
politics의 어휘적 성립의 전제로 '정치'라는 어휘가 역시 한학적 전통 속
에 존재하고 있었던 것과 같다. 먼저 '윤리학'이 ethics의 번역어로 성립
한다. 이노우에 데쓰지로 등이 편집한 『철학자휘』[1]가 Ethics의 번역어로

'윤리학'을 내세움으로써 일본에 근대 윤리학이 성립했다고 할 수 있다. 덧붙여 말하자면, 『철학자휘』는 Politics의 번역어로 '정치학'을 택한다.

　근대 일본에 먼저 성립하는 것이 이 윤리학이다. 그 성립과 거의 동시에 출판된 이노우에 엔료의 윤리학 교과서 『윤리적요』[2]는 "윤리학, 곧 '에씩스'는 선악의 표준, 도덕의 규칙을 논의하고 결정[論定]하여 사람들의 행위거동을 명령하는 학문을 말한다"고 설명하고 있다. 윤리학ethics이라는 근대적 학술 개념이 근대 일본에 도입되어 성립됨으로써 근대사회에서 사람들의 선악 기준을 이루는 것이 무엇인지, 무엇을 해야 하고 무엇을 해서는 안 되는지 하는 윤리 문제가 구성되고 제시되어 간다. 근대 일본에 미리 윤리 문제가 발생하는 것이 아니라, 먼저 윤리학이 있은 뒤에 이것이 윤리 문제를 구성하고 제시하며 그 해답도 준비한다. 후진 근대국가 일본에서 근대적 학술의 성립에는 많건 적건 이 같은 사정이 불가피하게 수반된다. 예컨대 근대 정치학과 국가학의 도입으로 근대국가의 정치 문제가 구성된다. 물론 권력이 존재하는 곳에는 언제나 정치 문제가 있기 마련이다. 그러나 근대국가의 정치 문제는 곧 근대국가가 요청하는 정치 문제이다. 새로운 주권국가, 법치국가, 국민국가로서의 근대 일본이 요청하는 정치 문제인 것이다. 이렇게 보면 근대 국가학, 정치학이 도입되고 성립됨으로써 근대 일본의 정치 문제를 구성한다는

---

1) 이노우에 데쓰지로(井上哲次郎)가 편집한 『철학자휘』(哲学字彙, 東京大学三学部印行版)는 1881년에 간행된다. 그후 이노우에와 아리가 나가오(有賀長雄)에 의한 증보개정판이 1884년에 도요칸슛판(東洋館出版)에서 간행되었다.
2) 井上圓了, 『倫理摘要』, 哲学書院, 1891. 『윤리적요』는 권말에 '윤리 시험문제'를 덧붙인 교원 양성용 윤리학 교과서이다.

것을 이해할 수 있을 것이다.

　원래 메이지 초기의 일본사회에 도덕 문제가 존재하지 않았던 것은
아니다. 메이지유신에 따른 큰 사회변동이 일본사회에 도덕적인 공백을
낳고 있었다. 그렇지만 윤리학이 구성하고 해답까지 준비한 윤리 문제는
그러한 도덕 문제가 아니라, 근대 시민사회의 규범적 근저가 되기도 하
고 시민의 행동기준이 되기도 하는 윤리의 문제였다. 시민사회가 아직
성립하지 않은 일본에 먼저 근대 윤리학이 근대 시민사회의 윤리 문제가
무엇인지를 가르친다. 이를 위해 근대 일본에 우선 윤리학이 존재해야만
했다. 윤리학이 윤리 문제에, 정치학이 정치 문제에, 종교학이 종교 문제
에 앞서 존재한다는 것은 근대 일본 아카데미즘이 시종일관 지녀 온 성
격이다. 윤리학의 선재성先在性이라는 점은 일본 아카데미즘에서의 윤리
학을 근본적으로 규정한다. 데이코쿠帝国대학의 윤리학과는 구미 윤리학
설 도입의 장이기는 해도 일본사회의 윤리 문제에 답할 책임이 있는 학
술의 장은 아니었다.[3] 이러한 윤리학의 존재양태에 대해 일찍부터 의문
을 품은 것은 메이지의 보수파 학자들이었다.

2. 국민도덕의 요청

메이지유신의 변혁과 더불어 일본사회에는 확실한 도덕적인 공백이 생
겼다. 그것은 도덕적 위기라 할 수도 있다. 이에 따라 도덕적 가르침의 재

---

3) 일본 아카데미즘에서의 윤리학을 둘러싼 상황은 최근에 이르기까지 거의 변화가 없다. '생명
　윤리', '환경윤리'와 같은 심각한 문제가 제기되어도 윤리학자는 그것을 자신의 중심 과제로
　삼으려 하지 않는다.

홍과 증진이 다양한 입장에서 주창되었다. 후쿠자와는 『문명론 개략』에서 이렇게 말하고 있다. "세상에 도덕교육[德敎]이 없는 것은 어두운 밤에 등불을 잃은 것과 같아 사물의 방향을 볼 수가 없다. …… 도덕교육은 여전히 온도[寒暖]와 같고 문명은 온도계와 같아 다소의 증감이 있으면 곧바로 반응하여, 덕이 1도 증가하면 문명이 1도 나아간다고 하여, 사람의 부덕을 슬퍼하고 사람이 선하지 못함을 염려하며 예수의 가르침을 받아들여야 한다거나 쇠잔해진 신도를 부흥시켜야 한다거나 불법[佛法]을 유지해야 한다고 말하니, 유자에게도 설이 있고 국학자에게도 논이 있어 이설쟁론[異說爭論] 효효접접[囂囂蝶蝶], 슬퍼하고 염려하는 탄식의 모습이 마치 물과 불이 금세라도 집을 범하려 하는 때와 같다."[4]

일본의 급격한 문명사회로의 이행과 더불어 일본사회에 발생한 도덕적인 공백에 강한 위기감을 느낀 것은 보수적 한학자나 국체론자만이 아니었다. 후쿠자와의 동료들, 즉 메이로쿠샤 동인 가운데에도 있었다. 그 가운데 한 사람인 니시무라 시게키는 후에 일본홍도회[日本弘道会]가 되는 수신학사[修身学社]를 이미 1876년에 설립했다. 『일본도덕론』[5]을 저술하고 국민도덕운동을 전개한 니시무라가 강한 위기의식을 갖고 본 것도 이러한 도덕적인 공백이었다. 니시무라는 메이지 일본을 가리켜 도덕의 표준을 상실한 특수한 나라라고 말한다. "우리나라는 세계에서 뭔가 특별

---

4) 福澤諭吉, 『文明論之概略』(岩波文庫版), 第六章 「智德の弁」.
5) 1886년 12월 니시무라 시게키(西村茂樹)의 데이코쿠대학 강연 초고를 이듬해인 1887년에 인쇄한 것이 『일본도덕론』(日本道德論)이다. 이것은 당시의 정부, 각 성의 대신 등에게 널리 배포되었는데, 당시의 총리대신 이토 히로부미(伊藤博文)는 이 책이 신정(新政)을 비방하고 있다며 강하게 비난했다고 전해지고 있다. 본고는 『日本道德論』(吉田熊次 校訂, 岩波文庫, 1963)에 의거하고 있다.

한 나라이다. 왜냐하면 세계 어느 나라에서도 세상의 가르침[世敎]이나 세상 밖의 가르침[世外敎]으로 도덕을 유지하지 않는 곳이 없는데 우리나라만 홀로 도덕의 표준이 되는 것을 잃어버렸기 때문이다." 더 나아가 니시무라는 이렇게 말한다.

그후에 이르러 야소교를 설파하는 자도 있고 서양[西國]의 도덕학을 논하는 자도 있지만, 야소교는 불교자를 극력 배격하고 도덕학은 단지 학사의 기호[嗜好]로 이루어진 데 지나지 않아, 모두 전국 공공의 가르침이 될 수 없다. 요컨대 봉건시대는 유가의 도로 공공의 가르침을 삼고 정부와 인민 모두가 이를 표준으로 삼았지만 왕정유신 이래 공공의 가르침이라는 것이 전혀 없이 국민도덕의 표준이 정해지지 않은 채 오늘에 이르고 있다.

메이지 일본에 요구되는 것은 '전국 공공의 가르침'이며, '국민도덕의 표준'이다. 그렇다면 데이코쿠대학 학사들의 도덕학, 즉 윤리학은 이 요구에 부응하는가. 니시무라는 냉정하게 그것은 '단지 학사의 기호'에 지나지 않는다고 부정한다. 이는 데이코쿠대학의 신학문인 윤리학에 대한 통렬한 야유이다. 확실히 대학의 윤리학은 이제 막 형성되고 있는 근대사회를 위한 윤리학 이론을 준비하는 것이기는 해도, 국가의 도덕적 공백을 메울 수 있는 국민도덕을 만드는 것은 아니다. 그렇지만 『교육칙어』 발포(1890년)와 함께 국민도덕에 대한 요구는 데이코쿠대학의 윤리학 담당 교수들에게 새로운 과제와 역할을 위임하였다. 즉 『교육칙어』의 취지에 기초한 국민도덕론을 강설[講說]하는 역할이다. 일찍이 『칙어연의』⁶⁾를 저술한 이노우에 데쓰지로는 대표적인 국민도덕론 강설자였다. 국민도덕론은 마침내 메이지 말년에는 고등학교·사범학교의 필수과목이 되고 중등교육의 시험과목이 된다. 데이코쿠대학과 고등사범의 윤리학 담당 교수들은 윤리학과 함께 국민도덕론⁷⁾도 강의하게 된다. 이렇듯 국민도덕론이 교육체계로 성립함으로써 윤리학도 변질되어 갔다. 혹은 국민도덕론이 윤리학에 침투했다고 해야 할 것이다. 같은 교수가 한편으로는 윤리학을 강의하고 다른 한편으로는 국민도덕론도 강의하기 때문에 그렇게 되는 것은 당연하다. 그리하여 근대 시민사회의 윤리학ethics은 근대 국민국가 일본의 윤리학倫理學으로 변질되어 갔다.

3. '에식스'에서 '윤리'로

오니시 하지메⁸⁾가 "윤리학은 행위를 도덕적 판별의 언저리에서 살피고 연구하는 것, 또는 도덕적 판별을 행위에서 살피고 연구하는 것이라 할 수 있다"⁹⁾고 할 때, 여기서의 윤리학은 에식스를 의미한다. '윤리' 혹은 '윤리학'은 에식스의 한자어 번역어로 메이지 일본에 성립된 개념이다.

---

6) 이노우에의 『칙어연의』(勅語衍義)는 1891년 로쿠고칸(六合館)에서 출판되고 매년 증쇄되어 1912년에는 35판을 거듭하고 있었다.

7) 이노우에의 『국민도덕개론』(国民道徳概論)을 비롯하여 요시다 구마지(吉田熊次), 후카사쿠 야스부미(深作安文), 요시다 세이치(吉田靜致), 와타리 쇼자부로(亘理章三郎), 후지이 겐지로(藤井健治郎) 등과 같은 윤리학자가 저술한 국민도덕 개론서가 다이쇼에서 쇼와에 걸쳐 계속 간행되었다. 이것이 윤리학자 와쓰지 데쓰로가 등장하는 쇼와 10년대의 윤리학계 상황이었다.

8) 오니시 하지메(大西祝, 1864~1900). 일본철학의 아버지 혹은 일본의 칸트로 불리는 철학자이다.—옮긴이

9) 大西祝, 『倫理学』, 警醒社, 1903.

오니시 하지메가 윤리학을 앞에서와 같이 설명한 메이지 30년대에 모토라 유지로[10]는 "윤리학은 인륜의 이치를 밝히고 이를 실행할 방법을 연구하는 학문이다"[11]라고 말한다. 모토라가 말하는 윤리학이 과연 오니시와 같은 윤리학일까? 모토라의 '윤리'는 이미 '인륜의 이치'로 환원되고 있지 않은가? '인륜의 이치'로서의 '윤리'는 유가적인 전통 개념의 윤리이다. 모토라가 강설하는 윤리학은 마치 지금 성립한 근대 학술인 윤리학ethics인 것처럼 여겨지면서도 실제로는 유가적인 윤리 개념으로 재구성된 근대 학술인 윤리학倫理學이다. 이를 근대적이라고 하는 이유는 이것이 근대 일본의 국가적 요청에 부응하는 윤리적 교설敎說이라는 데 있다. 모토라의 중등교육용 텍스트 『윤리강화』倫理講話는 이미 가족윤리·사회윤리·국가윤리로 분절화되어 있다.

이노우에 데쓰지로 등은 '도덕학'이나 '수신학'이 아닌 '윤리학'을 Ethics의 번역어로 삼았다. 그때 유교적 전통에서의 윤리의 의의가 에식스를 의미하는 새로운 번역 한자 '윤리'라는 말의 저변에 묻혀 버렸다. 그러나 『교육칙어』의 발포로써 국민의 도덕적 근간 확립을 요구하는 메이지 국가의 요청에 부응하고자 한 윤리학자들은 '윤리학'ethics의 저변에 묻힌 유가적 전통의 윤리倫理를 부활시켰다. 그러나 이것은 유가적 개념의 단순한 복고적 재생이 아닌, 그에 기초한 '윤리' 개념의 근대적인 재구성이다. 이러한 재구성 작업을 충분한 방법적 의식과 사상적 준비를 통해 수행한 사람이 쇼와의 윤리학자 와쓰지 데쓰로였다.

---

10) 모토라 유지로(元良勇次郎, 1858~1912). 일본 최초의 심리학자.—옮긴이
11) 元良勇次郎, 『中等教育倫理講話』, 右文社, 1900.

『고사순례』古寺巡禮(1919)와 『일본고대문화』日本古代文化(1920)의 저자였던 와쓰지 데쓰로가 니시다 기타로西田幾多郞의 초빙을 받아 교토 데이코쿠대학의 윤리학 담당 조교수로 부임한 것은 1925년, 36세 때였다. 그는 그후 1927년에 독일로 유학을 떠나 1928년 3개월간을 이탈리아에서 보낸 뒤 귀국한다. 독일에서 체류하는 동안 그는 하이데거의 『존재와 시간』(1927년 발표)을 알게 된다. 1931년 교토 데이코쿠대학 윤리학 교수 후지이 겐지로의 사망으로 와쓰지는 윤리학 강좌 교수로 승진하였고, 3년 후인 1934년 7월에는 도쿄 데이코쿠대학 윤리학 교수에 임명된다. 그에 앞서 같은 해 3월 와쓰지는 『인간의 학으로서의 윤리학』을 이와나미쇼텐에서 간행하였는데, 이 책은 그의 도쿄 데이코쿠대학 교수 데뷔를 화려하게 장식하는 것이었다. 여기서 와쓰지의 경력을 다소 자세하게 밝히는 것은 『윤리학』으로 근대 일본국가의 윤리학을 성립시킴과 동시에 묘비명도 새겨 버린 윤리학자의 등장 시대를 확인해 두기 위해서이다.

그런데 이 『인간의 학으로서의 윤리학』의 원형을 이루는 것은 1931년 이와나미강좌 『철학』에 쓴 논문 「윤리학—인간의 학으로서의 윤리학의 의의와 방법」[12]이다. 그는 여기서 Ethica의 번역어로서의 '윤리학'에 대해 이렇게 쓰고 있다.

그러나 Ethica의 번역어라 해도 우리가 '윤리학'이란 말을 사용하기 시작했다는 것은 이미 이 말이 짊어지고 있는 전통을 받아들였다는 것

---

12) 和辻哲郞, 「倫理学—人間の学としての倫理学の意義及び方法」, 岩波講座 『哲学』(第2回 配本), 岩波書店, 1931.

을 의미한다. 뿐만 아니라 윤리학이라는 번역어를 선정했을 때, 사람들이 원어인 Ethica가 선善이나 당위를 단지 개인의식에서만 연구하는 학이라고 인정하고 있는 것도 아니었다. 사람들은 막연히 인간의 도道의 학, 혹은 도의道義의 학과 같은 의미로 '윤리학'이라는 번역어를 만들었다. 즉 윤리란 사람과 사람 사이의 관계에 존재하는 도道로서 고립된 개인의식 안에서만 결정할 수 있는 도덕적 가치가 아니다. 헤겔에 따라 Moralität(주관적 도덕의식)와 Sittlichkeit(객관화된 이성적 의지)를 구별한다면, 윤리는 오히려 Sittlichkeit에 가깝다. 따라서 설사 윤리학이라는 말이 Ethica의 번역어로 만들어졌다 해도 '윤리학'의 어의語義와 개념이 개인적·주관적이지 않은 인간의 도의 학, 인간의 학을 의미하는 데는 아무런 지장이 없다.(강조는 와쓰지)

군이 와쓰지의 문장을 길게 인용한 것은 이중의 의식적인 착오라 할 만한 방식으로 '인간의 학으로서의 윤리학'을 창설한 그의 내면이 여기에 기술되어 있다고 보기 때문이다. 그는 Ethica의 번역어로 '윤리학'이란 말을 사용했을 때 이미 거기에 '인간의 도의 학'이라는 의의가 함의되어 있었다고 말한다. 그러나 이러한 표현은 '인간의 도의 학'을 함의하는 '윤리학'은 ethics의 번역어로 성립한 '윤리'ethics가 그 말의 저변에 묻혀 버린 '윤리'倫理를 다시 한번 부활시킴으로써 성립하는 것임을 의식하는 선상에서만 이루어지는 것이다. 확실히 와쓰지가 담당하게 된 쇼와시대 데이코쿠대학에서의 윤리학 강좌는 이미 국민도덕론에 침투되어 국가윤리학의 성격을 강하게 띠는 윤리학을 강의하는 장이었다. 따라서 와쓰지에게 있어서 윤리학ethics이란 처음부터 '윤리학'倫理學으로 존재했던 것이다. 더욱이 그의 표현은 '인간의 도의 학'으로서의 '윤리학'倫理學은 '윤리학'ethics을 '당위를 단지 개인의식에서만 연구하는 학'이라고 비판하는 와쓰지 자신에 의해 재구성되는 윤리학이라는 것을 감추고 있다. '인간의 학으로서의 윤리학'이란 그때 바로 와쓰지에 의해 만들어진 쇼와 일본의 윤리학이다. 그는 '윤리'라는 말의 해석학적 재구성을 통해 그 작업을 시작해 간다. 여기서 해석학은 '윤리'란 말에서 '인간의 도'를 마치 역사의 고층古層처럼 읽어 내는 언어적 속임수[詐術]이다.

4. '윤리'의 해석학

『인간의 학으로서의 윤리학』 서두에서 와쓰지는 "출발점에서 우리는 단지 '윤리란 무엇인가' 하는 물음 앞에 서 있다"[13]고 말한다. 윤리학은 '윤리란 무엇인가'를 묻는 것이라고 한다. 이것은 자명한 것처럼 생각된다. 그렇지만 과연 그럴까? 윤리학이란 '윤리'를 묻는 것인가. 와쓰지는 대체 어떻게 '윤리'를 물으려 하는 것인가. 그는 '윤리란 무엇인가' 하고 묻는 것을 "우리는 윤리라는 말로 표현된 것의 의미를 묻고 있다"고 부연한다. '윤리란 무엇인가' 하는 물음을 그는 '윤리'라는 말로 표현되고 있는 의미를 묻는 것으로 치환한다. 이는 '윤리'라는 말의 해석학적 물음으로의 치환이다. 바로 거기에는 언어표현에 대한 해석학적 이해가 전제되어 있다. "그것(윤리라는 말)은 일반 언어와 같이 역사적·사회적 생生의 표현으로 이미 우리들 사이에 앞서 객관적으로 존재하고 있다"라고 와쓰지는 말한다. '윤리'라는 말의 의미를 묻는 것이 의미가 있다고 생각되는 것은 그 말이 역사적·사회적 생生의 표현으로 해석되기 때문이다. 혹은 사람들이 어떻게 살았는지가 이 말의 의미로 읽히는 한에 있어서이다.

여기에는 딜타이류의 '생'生의 해석학이 전제되어 있다. 20세기 초에 성립한 딜타이의 해석학[14]을 가지고, 가장 먼저 정신사·문화사적 담론을 일본에서 구성한 것이 와쓰지였다. 더욱이 여기에는 하이데거가 『존재와 시간』에서 사용한 어의론적인 철학적 담론의 분절화 수법도 가장 먼저 사용되고 있다. 와쓰지는 쇼와의 문화학적 담론의 구성자로서 세계의 시류에 민감한 모던 보이였다. 이윽고 간행된 와쓰지의 주저 『윤리학』倫理學 상·중권을 보면 마치 이 책들이 독일의 해석학·현상학과 프랑스의 사회학·민족학·민속학 등 동시대 유럽의 다양한 문화학 일람표인양 생각된다. 일본의 문화적 내셔널리즘에 기초한 윤리학적 담론의 구성자 와쓰지는 동시대 유럽의 학술적·문화적 담론의 공연자였다. 쇼와 파시즘 시기는 일본의 근대 달성 시기였다고 필자는 생각한다. 그런데 와쓰지는 '윤리'라는 말을 해석함으로써 윤리학의 근본 테제를 분절화하려 한다. 이때 '윤리'라는 말은 생의 표현으로 우리의 언어공간에 존재하는 것이어야 한다. 와쓰지는 이렇게 말한다.

윤리라는 말은 중국인이 만들어 우리에게 전한 것으로, 우리들 사이에 여전히 그 말로서의 활력이 살아남아 있다. 이 말의 의미는 무엇일까. 그 의미 위에서 우리는 어떠한 개념을 만들어 낼 수 있을까.

---

13) 和辻哲郎, 『人間の学としての倫理学』, 岩波全書版, 1934.

14) 딜타이(Wilhelm Dilthey, 1833~1911)의 『해석학의 탄생』(Die Entstehung der Hermeneutik)은 1900년에, 『정신과학에서 역사적 세계의 건립』(Der Aufbau der geschichtlichen Welt in den Geisteswissenschaften)은 1910년에 성립한다.

'윤리'란 말은 확실히 유가적인 개념이다. 그렇지만 지금 우리가 사용하는 '윤리'라는 말이 메이지의 니시 아마네와 이노우에 데쓰지로 등에 의해 '물리'物理, '심리'心理, '법리'法理 등과 더불어 번역어로 만들어진 것이라는 점을 잊어서는 안 된다. 이때 윤리, 물리 등이 옛날부터 한자어로 있었는지의 여부는 문제되지 않는다. 그들에 의해 ethics의 번역어로 '윤리'가, physics의 번역어로 '물리'가 채용되어 사용되었다는 것이 문제인 것이다. 번역어로 채용됨으로써 비로소 '윤리'가 근대 일본의 언어공간에 존재하게 되었다. 한자어로서의 윤리는 이노우에가 『철학자휘』에서 예로 들고 있는 『예기』의 "무릇 음音은 인심人心에서 나는 것이요, 악樂은 윤리를 통하는 것이다"[15]와 같은 아주 적은 용례밖에 없다. 『주자어류』의 '어구 색인'[16]에도 '윤서'倫序라는 말은 있어도 '윤리'倫理라는 말은 없다. 원래 한자어에서 '윤리'는 '사물의 주름이 올바른 것'으로 '윤서'나 '윤열'倫列 등과 같은 종류의 말이었다. 그것이 곧 전환되어 '사물 윤류倫類의 도리, 인륜도덕의 원리'를 의미하게 되었다고 한다.[17] 그러나 '인륜도덕의 원리'는 근대의 '윤리' 개념일 것이다. 여하튼 '윤리'라는 말은 중국의 고전 속에서 '인륜의 도'와는 다른 의미를 가진 것이었고, 결코 그렇게 많이 사용된 것도 아니었다. 더구나 일본에서 활발하게 사용된 말도 아니다. '윤리'는 오히려 메이지의 이노우에 등에 의해 ethics의 번역어

---

15) 「악기」(樂記)의 이 문장을 다케우치 데루오(竹内照夫)는 다음과 같이 번역하고 있다. "무릇 음악이 일어나는 것을 생각하면 그것은 사람 마음의 움직임에 의해 생기는 것이며, 따라서 음악의 원리는 인정(人情)에도 사물의 도리에도 서로 통하는 것이다."(『禮記』 中, 新釋漢文大系 28, 明治書院, 1977)

16) 佐藤仁 編, 『朱子語類』, 采華書林, 1975, 自第一卷・至第一三卷, 語句索引.

17) 모로하시 데쓰지(諸橋轍次)의 『대한화사전』(大漢和辞典) 참조.

로 재발견, 재구성된 한자어이다. 그것은 '철학', '과학', '화학', 그리고 '물리', '심리', '법리' 등과 더불어 메이지 일본이 만들어 낸 근대 한자어이다. '윤리', '윤리학'이 번역어로 성립한 뒤 '인륜도덕의 원리'나 '인륜의 도의 학'과 같은 의미로 재인식되어 갔다고 생각해야 한다.

그렇지만 와쓰지는 중국에서 유래하는 '윤리'라는 말이 근대 일본에 여전히 활력을 지닌 채 잔존하고 있었다고 간주한다. 와쓰지의 해석학은 그 '윤리'라는 말의 의미를 파악하려는 것이다. 그렇게 파악하는 의미는 그 말을 사용해 온 일본인의 삶의 방식이고 존재방법이며, 거기서 새로운 윤리 개념도 구성된다는 것이다. 이것은 속임수로 가득 찬 '윤리학'의 출발이다. 무엇보다도 먼저 '윤리'는 일본인들 사이에 활력을 지닌 채 잔존했던 말이 아니다. 그것은 메이지 일본에서 만들어진 근대 한자어의 하나이다. 따라서 '윤리'라는 말의 해석으로 시작되는 '윤리학'에 대한 서술은 '윤리'란 말을 선택하고, 이미 의지하고 있는 '인간존재의 이법理法'이라는 해답을 마치 일본인이 '윤리'라는 말과 함께 잘 보존해 온 인간존재의 원리인 것처럼 설명해 가는 속임수로 가득 찬 서술이 된다.

'민족국가'의 윤리학적 성립(2)
―와쓰지 데쓰로의 윤리학에 대해 : 쇼와 일본의 윤리학

"대체로 인간이 신성한 것을 자각하는 장면은 민족이며, 자각을 통해 신이나

신들로 파악되는 것은 민족의 살아 있는 전체성이다."

―와쓰지 데쓰로, 『윤리학』 중, 제3장 「인륜적 조직」

1. '윤리' 개념의 재구성

와쓰지는 '윤리'라는 말의 "활력이 우리들 사이에 여전히 살아남아 있

다"[1]고 했다. 이는 한자어 '윤리'의 기존성에 의해 '윤리'라는 말과 개념

이 일본인에게 잔존했다고 말하려 하는 것이다. 그렇지만 와쓰지 등에

앞선 세대인 이노우에 데쓰지로 등이 사어死語인 '윤리'倫理를 기초로 하

여 번역어인 '윤리'ethics를 윤리학과 함께 만들어 내지 않았던가. 근대 일

본에 유통된 한자어 '윤리'는 번역어로서의 새로운 한자어 '윤리'ethics이

---

1) 和辻哲郎, 『人間の学としての倫理学』, 岩波全書, 1934.

다. 그렇다면 와쓰지의 이 말은 의도적이든 아니든 한자어 '윤리'倫理에 대한 사람들의 착각을 이용한 속임수가 아닌가.

'윤'倫이란 동료이고, 인간의 공동태를 의미하는 동시에 공동태의 질서, 즉 인간의 도道 역시 의미한다고 와쓰지는 말한다. 그 때문에 '윤리'倫理라고 흔히 쓰이게 된 경우에도 조금도 의미를 확대하지 않고, '윤'이 이미 갖고 있는 도라는 의의를 '이'理로써 강조할 뿐이라고 한다. '윤리'의 어의를 이와 같이 파악한 그는 '윤리' 개념을 다음과 같이 재구성해 간다.

> 우리는 이와 같은 어의상의 '윤리'라는 개념을 **주관적 도덕의식과 구별하면**서 만들어 낼 수 있다. 윤리는 인간 공동태의 존재 근저로서 여러 종류의 공동태에서 실현되는 것이다. 그것은 사람들의 관계의 도이며 질서이기 때문에 관계 그 자체가 가능해진다. 윤리란 무엇인가 하는 질문이 묻고 있는 것은 바로 이러한 인간의 도이다.[2]

와쓰지 자신이 여기서 말하고 있는 바와 같이, 문제는 '윤리' 개념을 어떻게 재구성할 것인가이다. '주관적 도덕의식'을 전제로 한 '윤리'ethics로서가 아니라 그것과 구별되는 '윤리'倫理 개념의 재구축이 문제인 것이다. 그는 이미 사어가 된 유교적 어휘 '윤리'에서 '인간의 도'라는 어의를 파악하면서 그것을 '인류의 이법理法', 혹은 '인간 공동태의 존재 근저'로 재구성한다. 마치 이러한 것들이 '윤리'라는 말 속에 내재되어 있던 의의인 것인 양, 해석학자 와쓰지는 '윤리'라는 말을 사용하는 일본인의 생

---

2) 같은 책. 인용문의 강조는 고야스.

활 저층의 공동태 의식을 해독하듯이 "윤리는 인간 공동태의 존재 근저로서 여러 종류의 공동태에서 실현되는 것이다. 그것은 사람들의 관계의 도이며 질서"라고 그 의의를 해독한다. '윤리'가 이미 일본인의 생활언어가 아닌 이상, 이러한 와쓰지의 해독 행위는 의의 해석을 가장한 의의의 재구성 행위일 뿐이다. 그것은 '주관적 도덕의식'으로 이루어진 서양 근대의 윤리학ethics에 대한 대안alternative으로서의 윤리학이 이제 중심 개념으로 요청되는 '윤리'를 재구성하려는 행위이다. 그리고 그는 그것을 일본인의 언어생활 저층에서 의미를 추출하듯이 재구성하고 있다.

'윤리' 개념의 재구성자 와쓰지는 이제 문화해석학자로서 존재한다. 혹은 문화해석학자 와쓰지가 '윤리' 개념의 재구성자, 즉 새로운 윤리학의 형성자가 되려 하고 있다.

2. '인간' 개념의 재구성

'윤리'는 '사람들의 관계의 도이며 질서'라고 여겨졌다. 새로운 '윤리' 개념은 '관계'라는 공동존재로서의 인간과 관련한 개념으로 재구성된다. '윤리' 개념에 대한 다시 읽기는 당연히 '인간' 개념에 대한 다시 읽기를 수반한다. 다시 읽기에 즈음해서 한자어 '윤리'倫理가 과거로부터 소환되었듯이 한자어 '인간'이 소환되었다. 인간은 원래 '인간'人間, 즉 '세상'이고 '세간'世間이었다. 그런데 일본인은 사람과 사람 사이로서의 '인간'人間과 개별적인 '사람'人을 구별하지 않고 인간이라고 말해 왔다고 와쓰지는 말한다. 『겐카이』에 의하면 '인간'은 "①세상, 세간, ②불경의 육계[3] 중하나, 즉 이승 세계, 인간계, 인계, ③흔히 오해되어 사람"[4]이라고 설명된다. 원래 '세상', '세간', '인계'를 의미하는 한자어 '인간'을 일본인은 '사람'도 의미하는 것으로 오해해서 사용해 왔다. 그러나 와쓰지는 이러한 일본인의 오해에는 중대한 의미가 있다고 하면서 이렇게 말하고 있다.

왜냐하면 그것은 수세기에 걸친 일본인의 역사적 생활에서 무자각적이기는 하지만 인간에 대한 직접적인 이해에 기초하여 사회적으로 일어난 사건이기 때문이다. 이 역사적 사실은 '세상'을 의미하는 '인간'이라는 말이 단지 '사람'의 뜻으로도 해석될 수 있다는 것을 실증하고 있다. 이것은 우리에게 중요한 시사점을 던져 준다. 만약 '사람'을 인간관계에서 완전히 분리하여 파악할 수 있다면, Mensch(인간)를 das Zwischenmenschliche(간인間人)에서 준별하는 것이 옳을 것이다. 그러나 사람이 인간관계에서만 비로소 사람이고, 따라서 사람으로서 이미 전체성, 즉 인간관계를 나타낸다고 할 수 있다면, 인간이 사람의 뜻으로 해석되는 것 또한 옳다. 따라서 우리는 '세상'을 의미하는 인간이라는 말이 사람의 뜻으로 전화한다는 역사 전체에서 인간이 사회인 동시에 또한 개인이라는 사실의 직접적인 이해를 찾아낼 수 있다고 생각한다.[5]

단순한 '사람'이 아닌 것으로서 '인간' 개념을 재구성하기 위해 와쓰지는 여기서도 해석학적으로 한자어 '인간'의 고의古義를 읽어 간다. '관

---

3) 육계(六界). 일체 중생이 선악의 업인(業因)에 의해 윤회하는 여섯 가지 세계, 곧 지옥, 아귀, 축생, 수라, 인간, 천상을 가리킨다.—옮긴이
4) 이와 관련하여『겐카이』는 '윤리'에 대해 '인류의 도'('오륜'의 항을 보라)라 하고 있다.
5) 和辻哲郎,『人間の学としての倫理学』, 二「'人間'といふ言葉の意味」.

계적 존재'로서의 '인간' 개념을 여기서 도출하는 것은 말을 둘러싼 의미의 해석학이다. 말의 해석학은 누구라도 알기 쉬움과 동시에 간단히 속아 넘어가기 쉽게 정당한 의미를 도출한다. 그리고 이는 해석자에 의해그 말을 사용해 온 '일본인의 역사적 생활'에서 도출된다. 새롭게 도출된'인간' 개념에 정당성을 부여하는 것은 '일본인의 역사적 생활'의 저층에까지 미친 해석학적 의미의 탐사이다.

여기에서는 쇼와 전기, 즉 1925년부터 1940년에 이르는 시기에 형성된 학문적 담론의 특질을 둘러싼 문제가 시사되어 있다. 다이쇼 말부터 태평양전쟁 개전에 이르는 쇼와 전기는 일본 근대가 하나의 절정에도달한 시기임과 동시에 일본 내셔널리즘의 최전성기이기도 했다. 구미적 근대를 향해 이루어지는 '근대 비판'은 쇼와 전기의 담론에 공통적으로 나타난 동기motivation였다. '근대의 초극'은 쇼와의 한 문학 그룹만이내건 표어가 아니었다. 그것은 쇼와 전기의 철학·문학·역사학·사회과학 등의 학술적 담론이 많건 적건 짊어진 표어였다. 여기에서 유럽적 근대의 대안으로 '일본'이 정당성을 갖고 등장한다.

이렇게 해서 와쓰지의 '일본인의 역사적 생활'에서 연역된 '인간' 개념은 정당성을 갖게 된다. 그리하여 그는 이 '관계적 존재'로서의 '인간'개념에 기초하여 일본 윤리학을 서양 근대 윤리학ethics의 대안으로 형성해 간다. 와쓰지의 『윤리학』은 서양 근대의 개인주의를 비판하는 다음과같은 말로 시작된다.

윤리학을 '인간'의 학으로 규정하려고 하는 시도의 첫째 의의는 윤리를
단지 개인의식의 문제로만 보는 근세의 오류에서 탈각하는 것이다. 이

오류는 근세의 개인주의적 인간관에 기초하고 있다. 개인의 파악은 그 자체로는 근대정신의 공적이고, 우리가 잊어서는 안 되는 중대한 의의를 갖는 것이기도 하지만, 개인주의는 인간존재의 하나의 계기에 지나지 않는 개인을 취해 인간 전체를 대신하려 하였다. 이 추상성이 모든 오류의 원천이다.[6]

3. 인간 공동태의 윤리학

『인간의 학으로서의 윤리학』을 데뷔작으로 펴내며 1934년에 도쿄대학 문학부 윤리학 강좌 교수로 취임한 와쓰지 데쓰로는 자신의 윤리학을 체계화하는 데 몰두하였다. 『윤리학』 상권은 1937년, 중권은 전쟁 중인 1942년에 각각 간행되었다. 그리고 하권이 간행된 것은 전후인 1949년이다. 전후 공직추방을 면한 와쓰지가 도쿄대학을 정년퇴직한 때가 1949년이므로, 『윤리학』 상·중·하 3권은 도쿄대학 교수 재임 중의 와쓰지의 모든 것이라 할 수 있다. 와쓰지 윤리학의 원론이라 할 만한 '인간존재의 근본구조'를 묻는 『윤리학』 상권은 근대의 개인주의적 인간관을 비판하는 위의 말로 시작된다. 서양 근대의 개인주의 비판을 유력한 계기로 삼은 윤리학은 당연히 인간의 공동적 존재성, 혹은 인간의 공동체적 존립에 기초해 형성되었다.

그런데 이미 말한 바와 같이 와쓰지의 근대 비판은 쇼와 전기의 학술적 담론에 공통적으로 나타나는 경향이었다. 더욱이 이는 1930년대

---

6) 和辻哲郎, 『倫理學』上, 岩波書店, 1937. 인용은 『和辻哲郎全集』第十卷(岩波書店, 1962)에 의거함.

유럽의 반근대주의와 경향을 같이하는 것이다. 국가나 민족의 전체성과 공동체에 대한 지향은 독일, 이탈리아, 소련도 포함해서 유럽의 시대정신이었다고 할 수 있을 것이다. 이미 필자는 와쓰지의 독일 유학에 대해 언급하면서 그가 제1차 세계대전 후의 독일 철학과 사상 경향을 동시대적으로 체험하고 있었다는 점을 지적한 바 있다. 이 점은 와쓰지의 근대 비판을 계기로 한 윤리학 형성을 유럽의 반근대주의적 철학과 사상 경향과 관련지어 보는 관점을 제공할 것이다. 와쓰지의 『윤리학』은 인간공동체론이라는 세계적 사조에 동시적으로 편승하면서 그것을 윤리학적으로 재구성함으로써 일본적인 해답을 제시해 간다.

와쓰지가 인간공동체론을 윤리학을 구성하는 중심과제로 서술한 것은 『윤리학』 중권에서이다. 와쓰지 윤리학의 제1장 「인간존재의 근본구조」, 제2장 「인간존재의 공간적·시간적 구조」(이상이 『윤리학』 상)에 이은 제3장 「인륜적 조직」은 '가족'에서 '친족', '지연공동체', '경제적 공동체', '문화공동체', 그리고 '국가'에 이르는 공동체의 여러 형태와 그 윤리학적 의의를 검토한 것이다. 이처럼 『윤리학』 중권을 구성하는 제3장 「인륜적 조직」은 헤겔의 『인륜의 체계』*System der Sittlichkeit*에서 시사를 얻은 것으로 간주되고 있다. 확실히 와쓰지의 '가족'에서 '국가'에 이르는 인륜적 조직의 체계를 보면 그것이 헤겔의 영향을 받았음을 누구라도 알 수 있다. 그렇지만 와쓰지에게 헤겔의 영향력은 그 정도라 할 수 있다. 와쓰지가 말하는 '인륜적 조직'에, 헤겔 '정신'의 현실체로서의 '가족'에서 '시민사회'와 '국가'에 이르는 '인륜의 체계'와 그것을 구성하는 변증법적 논리 따위는 있을 리 없다.[7] 그렇다면 와쓰지에게서 '가족'에서 '국가'에 이르는 '인륜적 조직'의 체계화는 어떻게 이루어지고 있을까.

4. '공공성'과 '사적 존재'

와쓰지에게서 '가족'에서 '국가'에 이르는 공동체의 서열을 구성하는 것
은 '공공성'과 그 결여태로서의 '사적 존재'라는 공사公私의 논리이다. '인
륜적 조직'을 서술하는 『윤리학』 중권의 마지막 절 '국가'의 서두에서 와
쓰지는 "우리는 사적 존재를 매개로 한 공동성의 실현을 가족에서 문화
공동체에 이르기까지 단계적으로 살펴 왔다. 공동체가 '사'의 초극에서
실현됨과 동시에 그 자체가 사적 성격을 띠는 것은 첫 단계일수록 현저
하고 공동체가 커짐에 따라 희박해진다"[8]고 기술하고 있다. 공공성이 결
여된 사적 존재로서의 공동체를 매개로, 한 인간의 공동성 실현 과정을
단계적으로 살피는 것이 '인륜적 조직'의 체계적 서술이라는 것이다. 그
리고 보다 큰 공동체에서 사적 성격은 희박해진다고 한다. 이처럼 와쓰
지는 공사의 논리에 따라 공동체를 체계화한다.

그렇지만 '국가'는 '대가'大家이지 '공'公 그 자체는 아니지 않은가. 그
렇다면 결국 국가로 귀착하는 인간공동체를 공사의 논리로 단계적으로
기술하는 것은 국가지상주의자의 작업이지 않은가. 그렇지만 와쓰지의
『윤리학』은 좀더 복잡하게 얽혀 있다. 그는 '공공성'을 "참여의 가능성이
고 참여는 공표나 보도에서 가능해진다"고 정의한다. 그리고 '사적 존재'
에 대해서도 그것을 '공공성의 결여태'로 포착하여 "참여의 가능성이 결

---

7) 헤겔의 '인륜의 체계'에 대해서는 島崎隆, 『ヘーゲル弁証法と近代認識 ─哲学への問い』, 未來社,
   1993 참조.
8) 和辻哲郎, 『倫理学』 中卷, 岩波書店, 1942. 『와쓰지 데쓰로 전집』 제10권에 『윤리학』 상권으로
   수록되어 있는 제3장은 전후의 수정판이다. 여기서는 1942년의 원판을 사용하고 있다.

여되어 있다는 것은 본질적으로 참여가 불가능해지는 것이 아니라 참여를 원하지도 않고 허용하지도 않는다는 것이다. 따라서 공공성의 결여태라는 것은 본질상 공공적인 것에서 그 공공성이 거부되고 있는 것이다"라고 와쓰지는 설명한다. 공적인 것을 참여 가능성에서, 사적인 것을 참여 가능성의 결여에서 규정하는 이러한 이해는 국가로 대표되는 공권력의 시행과 기구에 대한 참여의 유무로 공인과 사인을 구별하는 것을 연상시킨다. 그렇지만 와쓰지가 공공성을 규정하는 참여 가능성이란 그것이 공표와 보도에 관련되어 언급되고 있는 바와 같이 제삼자 혹은 외부자의 참여 가능성이다. 그가 말하는 공공성이란 공개성이다. 그렇다면 와쓰지가 참여 가능성을 가지고 규정하는 공공성이란 독일어 Öffentlichkeit를 전제로 한 것으로 간주된다.

그런데 민간인들의 공동적 생활권이 공공적 의의를 갖게 될 때 시민사회가 성립한다고 하는데, 그 점에서 보면 공공적인 것은 사회적인 것이다.[9] 따라서 Öffentlichkeit란 공공성인 동시에 사회이고 세간이며 사람들의 공동적 생활공간이다. 그렇지만 와쓰지는 Öffentlichkeit에서 '참여 가능성'이라는 공개성의 의의만을 끄집어내고 오히려 그것을 '공공성의 결여태'라는 '사적 존재'로서의 공동체 개념의 구성을 위해서만 사용한다. '공공성'Öffentlichkeit이라는 시민사회적 개념은 반근대주의자 와쓰지에 의해 사람들의 공동적 생활공간에서 '사적' 성격을 부여하기 위해서만 호출된다.

와쓰지가 말하는 '공공성의 결여태'로서의 '사적 존재'는 타자의 '참

---

9) 시민사회와 공공성 개념은 ハーバマス, 『公共性の構造轉換』, 細谷貞雄 訳, 未來社, 1973을 참조.

여를 원하지도 않고 허용하지도 않는' 공동체이다. 그러나 어떠한 공동체라도 한정된 성원의 참여라는 유한한 공공성으로 이루어진다면 그 공공성이 얼마나 한정되었느냐에 따라 사적인 공동체가 존재할 수도 있는 것이 된다. 그래서 와쓰지는 "가족, 동료, 촌락 등의 단체는 그 성원에 대해서는 공공적이지만 보다 큰 공공성에 대해서는 사적 존재의 성격을 띨 수 있다"고 한다. 이와 같이 와쓰지에게 '공공성'Öffentlichkeit 개념은 비공공적nichit öffentlich인, 환언하면 공동체에 사적privat 성격을 부여하기 위해서만 존재하는 것 같다. 여기서 '공공성' 개념은 사람들의 공동의 생활체를 '사회'로서 적극적으로 성립시키는 것이 아니라, 오히려 '비공공성'으로서의 '사적' 성격을 공동체에 부여하는 것이다.

와쓰지는 부부라는 2인 공동체가 마침내 사적 존재의 양태를 지양하고 부모와 자녀 3인 공동체를 형성한다고 설명한다. "우리는 부모와 자녀 3인 공동체가 상호 매개적인 공동존재의 형성으로 2인 공동체의 사私를 지양함과 동시에 더욱 새롭게 사적 성격을 띤다는 점을 명확히 하였다. 그것은 공동존재의 형성으로 인간의 도의 실현단계로서 진일보한 것으로 볼 수 있다." 와쓰지가 공동체를 기술하는 공사의 논리는 공동체의 여러 모습의 단계적인 성립을 설명하는 논리이기도 하다. 새로운 인간의 공동성은 보다 공공적인 지반에서 실현되지만 거기서 성립하는 공동체 역시 새롭게 사적 성격을 띤다는 것이다.

가족에서 친족, 지연에서 문화에 이르는 공동체의 여러 모습에 대한 와쓰지의 기술은 사회학이나 민족학적인 성과를 풍부하게 인용하였고 매우 상세하다. 그렇지만 공동체에 관한 이러한 기술은 언제나 그 사적 성격에 의해 제한된다. 이것은 대체 무엇인가.

5. 문화공동체로서의 '민족'

예술 활동에서 공공성을 읽어 가는 와쓰지의 기술을 살펴보자. 거기에
는 윤리학자이면서 문화해석자인 그의 특질이 가장 잘 나타나 있다. 그
는 도예나 조각, 회화 등의 예술 활동에서 어떤 형태의 창출과 그것이 사
람들에게 주는 감동에 대해 쓰고 있다. "대체 그 형태는 어떻게 사람들을
감동시킬 수 있는 것일까"라는 물음에는 두 가지의 답이 가능하다. "사
람들은 스스로 추구하는 이상적인 형태가 거기에 실현되어 있는 것을 보
고 감동하거나", 그렇지 않으면 "일찍이 생각해 본 적도 없는 드문 형태
를 갑자기 눈앞에서 보고 놀란 나머지 감동하거나" 둘 중 하나이다. 와쓰
지는 우리의 답은 전자여야 한다며 이렇게 말한다.

> 왜냐하면 일찍이 그 형태를 생각해 본 적도 없다는 것은 그 형태의 의미
> 를 읽지 못한다는 것과 같은 뜻이기 때문이다. 그렇다면 작품에 실현된
> 형태에 감동하는 사람들은 이 형태가 그렇게 실현되기 이전에 이미 스
> 스로 그것을 알고 있었던 것이다. 만든 사람만이 이 형태를 마음속에 갖
> 고 있었던 것은 아니다. 그렇다면 이 형태는 만든 사람과 보는 사람이 함
> 께 추구하고 있던 것, 즉 **공동추구**의 목표에 다름 아니다. 거꾸로 말하면
> 이 형태가 사람들이 추구하는 **공동성**을 나타내고 있는 것이다. 따라서
> 만든 사람이 이 형태를 소재 위에 실현하는 것은 공동성을 실현하는 것
> 과 같다는 것을 의미한다.[10]

---

10) 和辻哲郎, 『倫理学』 中卷, 第六節 '文化共同体'. 강조는 와쓰지.

와쓰지는 예술가에 의한 개성적인 것의 형성이 동시에 공동적인 것의 형성이라는 데 예술적 형성의 깊은 의미가 있다고 말한다. 또한 예술가는 작품을 만들어 내는 것을 통해 공동성을 만들어 낸다고도 말한다. 그렇다면 공공성은 어떠한 범위의 것인가. 와쓰지는 형태의 이데아를 공유하는 정신적 공동의 범위를 '민족'이라고 하고 있다. "예술품에 의한 정신적 공동의 범위 역시 자연상태에서는 **민족**이다. 예술활동은 예술의 특수양식을 만드는 데서 **민족**을 만든다." 와쓰지는 이렇게 해서 문화의 공동성이 성립하는 범위를 '민족'으로 본다.

　　문화의 전달이 원활하게 이루어지는 범위는 **땅과 피에 의한 공동**의 범위라고 할 수 있다. 호메로스의 시가 최초로 유포된 지중해 연안은 다름 아닌 그리스어를 사용하는 같은 헬라스족이라고 서로 믿고 있는 사람들의 주거지였다. 그리하여 문화공동체는 일정한 폐쇄성을 형성했다. 이것을 우리는 '민족'이라고 부른다. …… 민족의 의의는 이와 같이 '땅과 피에 의한 공동의 범위로 제한된 문화공동체'로 규정할 수 있다.

　　인간공동체의 다양한 성립을 '공공성의 결여'의 여러 단계로 추적해 온 와쓰지는 문화공동체도 '땅과 피에 의한 공동의 범위'로 제한한다. 그리고 이런 문화공동체를 '민족'이라고 규정한다. 이는 문화와 정신의 동일성으로 규정되는 '민족' 개념의 성립만을 의미하는 것이 아니다. 문화공동체가 일정한 개성을 지닌 '성격공동체', 즉 민족이라는 것은 민족 그 자체가 대체하기 어려운 개성을 지닌다는 것을 의미한다. 이리하여 문화와 함께 민족 역시 개성을 지닌 특수한 존립의 정당성이 주장된다.

이는 특히 민족의 특수성을 억압하는 세계적 보편주의자들에 대항하는 것이다.

> 민족의 폐쇄성을 혐오하며 인류의 입장에 선다고 자칭하는 사람들은 통상 가장 심한 민족적 주아주의主我主義를 발휘한다. 그들은 자기 민족의 개성을 절대시하고 타민족의 특수성을 일절 인정하지 않음으로써, 전 인류를 단지 하나의 민족의 특성 속에 강제로 끌어들이려 한다. 그것이 그들의 인류에 관한 입장이다. 혹은 특정 민족신이 인류의 신으로 확대되거나 특정 민족의 언어가 세계어로 통용된다. 그리하여 사람들은 민족의 폐쇄성이 파괴되었다고 말하지만, 실은 가장 견고한 폐쇄성이 발현된 것이다.[11]

서양 근대의 보편주의에 대해 심한 욕설을 퍼붓는 듯한 이 격한 언사를 보라. 공사관계를 공동체의 단계적 성립을 설명하는 논리로 활용하면서도 공공성을 결여한 사적 성격을 갖는 것으로 규정해 온 와쓰지의 공동체론은 문화공동체에 이르러 갑자기 태도를 바꾸어 오만하게 그 폐쇄성을 말한다. "그리하여 문화공동체는 일정한 폐쇄성을 형성했다. 이것을 우리는 '민족'이라고 부른다." 이 언사에는 1930년대에 일본 윤리학을 형성해 온 자의 반근대주의적 파토스가 담겨 있다. 개인 도덕의식의 학, 즉 윤리학ethics에 공동체적 인간존재의 학, 즉 윤리학倫理學의 형성

---

11) 和辻哲郎, 『倫理学』 中卷. 여기서 인용한 앵글로색슨적인 자기중심적 세계주의의 주장에 대한 와쓰지의 과격하고 비판적인 발언은 전후판 『윤리학』에는 삭제되어 있다.

으로 대응한 와쓰지는 문화공동체로서의 '민족' 개념을 구성하여 대항적 학설로서 윤리학의 최종적인 답변을 제시한다.

와쓰지 데쓰로는 문화공동체로서의 '민족'은 정신공동체라고 말한다. "민족을 순수하게 문화공동체로 파악할 때, 이는 또한 본래적으로 정신공동체라는 것이 된다. 왜냐하면 그것은 종교·예술·학문 등의 공동체이며, 그러한 정신공동체는 이러한 형태로 존립할 수밖에 없기 때문이다." 와쓰지는 『윤리학』 상권에서 Nation을 '국민'으로 번역함으로써 '민족'과 구별하였다. 그러나 『윤리학』 중권에서는 '민족'을 문화공동체로 해석하는 데 이르러 Nation 또한 '민족'이라고 하는 것이 적당하다고 생각하게 되었다고 하면서 "국민이라는 말은 국가로서 자기 자신을 형성하는 민족의 뜻으로 한정하고 싶다"고 하였다. 그리고 문화공동체 혹은 정신공동체인 '민족'이 역사상에서 자기 자신을 실현해 가는 것은 '국가'로서이다.

'국가'는 지상에 실현되는 인간 공동성의 최종 형태로서, 자기 자신 안에 모든 사적 존재를 포섭함으로써 '공'公답게 만들어 간다. 와쓰지는 '국가'가 한 국가로 폐쇄적으로 성립하면서도 그 자체가 '공'인 것은 이 때문이라고 말한다. 『윤리학』 중권의 마지막 절 '국가'는 국가론으로서 논의해야 할 많은 문제들을 안고 있다. 그렇지만 여기서는 와쓰지에게 윤리학의 형성이란 '민족국가'의 윤리학적 형성이었음을 확인하는 것으로 마치고자 한다. 마지막으로 1942년판 『윤리학』 중권의 한 문장을 인용해 두겠다. 물론 이 문장은 전후판에서는 수정되었다.

개인으로서의 인격은 일체의 '사'私를 버림으로써 성스러운 것으로서의 민족의 전체성에 귀일한다. '사'를 버리는 것[去]은 개성을 무시하는 것 [沒]이 아니다. **정신공동체의 일원인 이상 인격은 어디까지나 개성적이어야 하지만, 그럼에도 불구하고 개성적인 것이 전일全一이 되는 것은 바로 '사'를 버리기 때문이다.**[12]

---

12) 인용문 속의 '민족의 전체성'을 '살아 있는 전체성'으로 수정했을 뿐, 이 문장은 전후판(『윤리학』 중권)에도 존재한다. 와쓰지 윤리학은 부분적 수정만으로 전후에도 유통될 수 있는 성격을 지니고 있다. 이 자체가 와쓰지 윤리학의 재검토를 요청하고 있다.

해독 9. 철학이라는 내셔널리즘
— '종의 논리', 국가의 존재론

"국가야말로 일체 존재의 원형이라고 해야 하지 않을까."

—다나베 하지메田邊元, 「국가적 사회의 논리」国家的社会の論理

"결사決死는 자신을 저편에 내던져 죽음을 탈각하는 것이다."

—다나베 하지메, 「사생」死生

1. 1943년의 철학자

1943년 5월 19일, 다나베 하지메는 교토 데이코쿠대학 학생과에서 주최한 월요강의에서 「사생」이란 제목으로 강연을 하였다.[1] 니시다 기타로도 1938년 이 월요강의에서 「일본문화의 문제」[2]란 제목으로 연속강연을

---

1) 오시마 야스마사(大島康正)가 필기한 이 강연은 전집에 수록되어 있다. 『田邊元全集』第八卷, 筑摩書房, 1964.
2) 강연 필기본 「일본문화의 문제」는 전집(『西田幾多郎全集』第十四卷, 岩波書店, 1964)을 따랐다. 니시다는 이것을 대폭 가필·증보하여 『日本文化の問題』(岩波新書, 1940)로 간행하였다.

하였다. 다나베 역시 1939년에 교토 데이코쿠대학 학생과에서 주최한 일본문화 강의에서 「역사적 현실」이란 제목으로 6회에 걸쳐 연속강연을 하였다.[3] 시국에 적절한 주제에 관한 교토 데이코쿠대학 간판 교수의 강연은 학생들을 강하게 끌어당겼을 것이다. 그렇지만 1943년 5월 다나베의 강연은 학생들에게 평소 이상의 의미를 학생들에게 주었을 것이다. 1943년은 태평양전쟁에서 일본의 패색이 확실해진 해였다. 강연이 열린 날로부터 10일 후인 5월 29일, 아투 섬Attu Island에서의 옥쇄 보도가 전해졌고, 9월 23일에는 학생의 징병유예가 정지된다. 그리고 10월 21일 가을비 내리는 진구가이엔神宮外苑에서 출진학도장행회出陣学徒壮行会가 거행되었다. 학생들을 기다리고 있는 것은 죽음이었다. 가까운 장래에서 죽음밖에 찾을 수 없는 학생들에게 철학자 다나베의 「사생」이란 제목의 강연은 무엇을 의미했을까. 자신들의 죽음이 갖는 의미를 찾고 있던 학생들은 다나베의 강연이 그 의미를 말해 줄 것으로 믿었다. 『교토 데이코쿠대학 신문』은 강연 당일의 모습을 이렇게 기록하고 있다.

> 다나베 교수의 제1강은 강의 1시간 전에 제1교실이 입추의 여지가 없을 정도로 가득 차서 학외 청강자들이 제2, 제3교실에서 마이크 소리를 통해 청강할 정도였다. 이들 가운데는 멀리 후쿠이현福井縣에서 온 사람도 있어 이번 월요강의가 전국적으로 얼마나 주목받고 있는지 알 수 있을 것이다.[4]

---

3) 이 강연은 주최자인 교토 데이코쿠대학 학생과에 의해 『역사적 현실』(歷史的現實)로 이와나미쇼텐(岩波書店)에서 1940년에 간행되었다. 여기서는 고부시 문고판의 『歷史的現實』(こぶし書房, 2001)을 참고하였다.

강의실이 넘칠 듯 몰려든 학생들의 진지한 생각을 필자는 충분히 상상할 수 있다. 1943년 초등학교 고학년이었던 필자 역시 공포 속에서 죽음을 결의하도록 강요당하고 있었다. 따라서 이와 같이 1943년 5월의 교토대학 강연회 상황을 기술하는 것은 당시 일본에서 철학자란 무엇이었던가를 알기 위해서이다. 다나베는 이때 학생들이 무엇을 찾아, 혹은 어떠한 물음을 가지고 이곳에 모여 있는지 충분히 알고 있었을 것이다. 그것은 '국가를 위해 죽는 것'의 의의였다. 확실히 전시의 국민으로서 나라에 신명身命을 바칠 각오는 이미 되어 있었을 것이다. 이 때문에 처음에 강연을 의뢰받은 다나베는 "우리 일본국민은 새삼 사생의 문제를 생각할 필요가 없다"며 고사했다. 그렇지만 그러한 각오에도 불구하고 여전히 죽음의 의미를 알고 싶어 하는 그들의 요망을 이해하여 다나베는 강연을 받아들였다. 학생들은 가까운 장래에 죽음을 맞이하려는 이때에 '국가를 위해 죽는 것'의 의의를 새삼스럽게 철학자에게 물었던 것이며, 다나베는 그 의의를 학생들에게 말하기로 하였다. 이것은 대단하다기보다 섬뜩한 일이다.

1943년이라는 시기의 일본에서 '국가를 위해 죽는 것'의 의의를 머지않아 전쟁터로 향할 청년들에게 말할 수 있고, 청년들 역시 그 의미에 관한 가르침을 얻을 수 있는 철학과 철학자를 가지고 있었다. '국가를 위

---

4) 『다나베 하지메 전집』 제8권에 수록된 오시마 야스마사의 「해설」에서 인용. 또한 이 월요강의는 다나베의 「사생」을 제1회로 하여, 제2, 3회에는 스즈키 시게타카(鈴木成高)의 「대동아전쟁의 역사적 고찰」이, 제4, 5회에는 고사카 마사아키(高坂正顕)의 「일본적 진리의 현 단계」가 행해졌다. 어느 강의나 강의실이 넘쳐날 정도였다고 한다. 다나베는 젊고 도발적인 교토학파(京都学派)의 학자 이데올로그의 선두였던 것이다.

해 죽는 것'은 내셔널리즘의 극단적인 테제일 것이다. 다나베 하지메의 철학은 이를 말할 수 있었던 것이다.

2. '죽는 것이다'

다나베는 「사생」 강연에서 죽음에 대한 세 가지 입장을 구별하고 있다. 첫째는 자연의 입장 혹은 자연관적 입장이라고 일컬어지는 것이다. 둘째는 인간학적인 자각의 입장이다. 셋째는 다나베가 '뭐라 이름 붙여야 좋을지 모르겠지만 잠정적으로 실천적 입장'이라고 밝힌 입장이다.

첫째의 자연적 입장이라는 것은 삶[生]이 있으면 자연히 죽음[死]이 있기 마련이라고 보고 운명적으로 삶과 죽음을 동등하게 받아들이려는 입장이다. 혹은 삶을 반드시 기뻐하지만은 않고 죽음도 굳이 꺼리지 않는다고 말하듯이 생사 모두를 관심 밖에 두려는 입장이다. 둘째의 인간학적인 자각의 입장이란 삶에 언젠가는 죽음이 올 가능성을 자각하고, 가능성으로서의 죽음에 대해 자기 존재를 결정해 가려는 입장이다. 다나베는 이 두 입장에서 죽음은 관념적이라고 말한다. 첫째의 자연적 견해에서 죽음은 일견 실재적으로 보이지만 "실은 매우 추상적인 삶과 죽음이 병립한다고 생각하는 것으로 관념적이다. 이러한 입장은 죽음을 초탈할 수 있다고 생각할지라도 실제로는 미련이 있는 듯 괴로워할지도 모른다"고 다나베는 말한다. 죽음이 관념적이라는 것은 두번째 자각의 입장에서도 마찬가지인데, 여기서 죽음은 어디까지나 삶의 입장에서 고려되거나, 삶의 방식에 가까이 다가와 있다. 예컨대 하이데거가 말하는 죽음이란 "삶의 입장에서 고려되는 죽음으로서, 죽음을 사상思想적으로 끌어

옴으로써 이해는 할 수 있겠지만 충분한 의미에서 죽음으로부터의 해방이 될지는 의문이다"라고 다나베는 말한다. 그렇다면 죽음을 관념으로 다룰 수밖에 없다는 것과는 다른 입장이 있을까. 다나베는 세번째의 실천적 입장을 그것으로 본다. "그것은 죽음을 관념화하는 것이 아니라 실제로 우리가 죽는 것이다"라고 다나베는 말한다.

"무사도란 죽음을 깨닫는 것이다"는 것은 말할 필요도 없이 『하가쿠레』葉隱의 말이다. "삶과 죽음 둘 중 하나를 택해야 한다면 죽음을 택하면 된다. 다른 것은 생각할 필요가 없다. 각오를 굳게 하고 죽음으로 돌진하면 된다"[5]라는 말이 이어진다. 이 『하가쿠레』 역시 1940년대의 학생들에게 피할 수 없는 죽음을 준비하는 책이었다. 당시 이와나미 문고판『하가쿠레』를 주머니 속에 넣고 전쟁터로 향했던 청년들이 헤아릴 수 없이 많았을 것이다. 그러나 『하가쿠레』가 말하는 "죽음을 깨닫는 것이다"라는 것은 다나베가 말하는 세번째의 실천적 입장을 말하는 것처럼 보이지만, 오히려 두번째의 자각의 입장에 가깝다. 일상적인 자신과 죽음을 가까이 함으로써 죽을 각오로 일상을 살아가는 것이 바로 무사도라고 밝히고 있기 때문이다. 따라서 다나베가 "실제로 우리가 죽는 것이다"라고 말할 때, 이는 "죽음을 깨닫는 것이다"를 넘어서는 것이다. 야마모토 쓰네토모山本常朝의 『하가쿠레』는 주종관계를 단단한 축으로 하여 죽을 각오로 살아가는 것을 설명하고 있지만, 1943년의 국가철학자 다나베 하지메는 국가를 위해서 단적으로 죽는 것을 말하고 있다.

'죽는 것'이라 해도 단지 맥없이 죽는 것, 혹은 각오하며 마음속에 죽

---

5) 山本常朝, 『葉隱』 上, 和辻哲郎·古川哲史 校訂, 岩波文庫, 1940.

음을 품는 것도 아니다. "인간은 언젠가는 죽는다, 죽음은 필연적으로 삶과 결부되어 있다, 이를 앞질러 각오한다는 의미에서의 각오가 아니다"라고 다나베는 말한다. 그러한 의미의 각오는 관념적인 것이므로, 다나베는 그가 말하는 '죽는 것'을 관념적인 '각오'와 구별하여 '결사'決死라는 개념으로 표현하고 싶다고 말한다.

> 결사라는 것은 보다 적극적으로 실천하여 죽음이 가능으로서가 아니라 필연적으로 일어나는 것임을 간파하고 우리가 그것을 이룰 때 말할 수 있다. 이것은 실제로 삶을 죽음 속에 내던지는 것으로 살면서 죽음을 관념적으로 생각하는 것이 아니다. 자신은 안전한 삶에 있으면서 죽음의 가능성을 생각하는 것이 아니다. 반드시 죽는다는 것, 죽음을 벗어날 수 없다는 것을 알고 있으면서 이루어야 하는 것을 이루고, 실천해야 하는 것을 실천하는 것, 우리의 삶을 저편의 죽음 속에 내던지는 것이다.

'죽는 것이다'라는 것은 죽음을 각오하는 것이 아니라 죽음 속에 삶을 내던지는 것이다. '결사'란 죽음을 실천하는 것이다. 자신을 죽음 속에 내던졌음에도 여전히 살아 있다면, 그것은 "죽은 내가 되살아난 것으로 그런 의미에서 재생, 부활이다"라고 다나베는 말한다. 여기에는 이미 죄로 죽었으나 대자비[大慈]로써 되살아났다는 참회도懺悔道의 '죽음과 부활'[死復活] 철학과 통하는 논리가 있다. 확실히 참회도 철학에 대한 다나베의 회한의 발걸음이 시작되려 하고 있었다.[6] 1944년 교토대학에서 열린 다나베의 마지막 특별강의는 '참회도'였다. 다나베의 참회에서 '죽는 것이다'라는 말은 죽음을 잉태하면서 학생들에게 발표되었다.

3. 국가를 위한 당위로서의 죽음

실천적 죽음은 자연적 죽음도 필연적 죽음도 아니다. 그 때문에 죽어야 하는 당위로서의 죽음이라고 다나베는 말한다. "세번째의 실천적 입장에서 실천이란 그 때문에 삶을 바쳐야 하는 것, 그 때문에 죽어야 하는 것을 갖는다는 것이다. 죽음은 삶의 끝에서 일어나는 것이 아니라 그 때문에 우리가 죽어야 하는 것을 위해 죽는다는, 죽는 방법이다"라고 다나베는 설명하고 있다. 그렇다면 그 때문에 죽어야 한다고 여겨지는 것이란 무엇인가. 말할 필요도 없이 그것은 국가이다. '말할 필요도 없이'라는 것은 다나베 강연을 듣고자 모인 학생들은 이미 그들이 국가를 위해 죽어야 한다는 것을 이해하고 있었기 때문이다. 그들이 철학자에게 요청하고 있는 것은 '국가를 위해 어떻게 죽을 수 있는가'이다. 혹은 '국가를 위한 죽음'이 갖는 의의이다. 왜 사람은 국가를 위해 죽지 않으면 안 되는가. 이 물음은 그들에게 당위로서의 죽음을 요구하는 국가란 무엇인가로 귀결될 것이다. 다나베 역시 최종적으로 국가를 논하며, 죽음에 대한 앞의 세 가지 입장에 입각하여 다음과 같이 말한다.

> 첫번째, 두번째 입장에서는 자연, 실재, 신, 절대 등이 인간과 직접적으로 관계 맺고 있지만, 세번째 입장에서는 신과 인간 사이에 국가가 끼여 있다. 그리고 이렇게 신과 인간 사이에 국가가 들어가는 것이 현실이다. 현명한

---

6) '참회도의 철학'이 다나베 안에서 확실히 사색되고 있었던 것은 1943년 말부터 1944년 초에 걸쳐서일 것이라고 쓰지무라 고이치(辻村公一)는 추정하고 있다. 辻村公一 編, 『田邊元』(現代日本思想大系 23), 筑摩書房, 1965의 「해설」 참조.

사람은 종교적 신앙에서 직접적으로 신과 교조를 위해 몸을 바치겠지만, 우리같이 평범한 사람이 몸을 바치는 것은 직접적으로 신을 위해서라고는 생각되지 않는다. 국가를 위해서이다. 인간은 국가에 몸을 바치고 국가는 인간이 갖는 신성성, 예컨대 불교에서 말하는 불성, 불자, 신의 아들과 같은 신성한 것을 살림으로써, 단순히 특수한 국가라는 성질을 넘어 신을 실현하고 있다.(이하 강조는 고야스)

세번째의 실천적 입장이란 학생들에게 사생관을 말하고 있는 다나베 자신의 철학적 입장이자 학생들과 공유하고자 하는 입장이다. 그것은 당위로서의 죽음을 말하는 입장이다. 또는 '그 때문에' 죽어야 한다는 것을 말하는 입장이다. '그 때문에'라는 것이 '국가를 위해'라는 것을 화자와 청자 모두 알고 있다. 다나베는 '국가'를 '신과 인간 사이에 끼여 있는 국가'라고 하며 그것이 '현실이다'라고 말한다. 그리고 몸을 바치는 것이 현실적인 의미를 갖는 것은 국가를 대할 때라고 말한다. 더욱이 신과 인간 사이에 있는 국가이기 때문에, 국가를 위한 주체적인 투기投企로서의 죽음은 신성성을 띤다는 것이다. 이 점을 이해하기 위해서는 앞 문장과 연결되는 다음의 문장을 보아야 한다.

국가가 단순히 특수한 국가라는 성질을 넘어 신을 실현하고 있다. 신성한 것, 절대적인 것이라 할 때는 신과 국가가 개인을 통해 결부되는 것으로, 인간은 국가를 통해 현실적으로 몸을 바침으로써 구체적인 존재를 갖는다. 몸을 바치는 것이 구체적인 의미를 갖는 것은 국가와 신이 하나로 결부되었을 때, 즉 신과 국가가 구별되면서도 하나일 때로, 이로써 인

간이 국가에 몸을 바침으로써 신에 닿고 신과 연결된다. 신, 국가, 인간 삼자
는 삼일三—적 통일을 이루어 어느 두 가지라도 나머지 것을 매개로 하여
결부된다.

"국가에 몸을 바침으로써 신에 닿고 신과 연결된다"는 말을 들으면,
다나베가 언제부터 신국神國일본주의자 혹은 일본주의적 기독교도였나
하고 의심할 것임에 틀림없다. 학생들 또한 철학자의 입을 통한 신국주
의적 말을 귀중하게 들었을지도 모른다. 지금 이 말을 본 우리도 다나베
가 일본주의적 기독교도였나 하고 의심할 것임에 틀림없다. 다나베 자신
은 스스로의 국가철학을 "나의 국가철학은 마치 그리스도의 위치에 국
가를 놓고 이를 절대무無의 기체基體적 현성現成인 응현7)적 존재이게 함으
로써 기독교의 변증법 진리를 철저히 하여 그 신화적 제한에서 해방하는
것과 같은 구조를 갖는다고 생각한다"8)라고 말하고 있다. 그의 철학용어
'절대무'를 '신'으로 치환하면 앞의 "국가에 몸을 바침으로써 신에 닿고
신과 연결된다"는 말이 틀림없이 그의 국가철학에서 도출되는 것임이
명확해진다. 나아가 위의 신국적 발언을 변증하는 것을 「국가적 존재의
논리」에서 인용해 보겠다.

개체 즉 전체의 종합에서 종種적 계기를 유類에까지 지양하고, 유적 보
편의 인류적 입장에서 문화의 주체인 개인과 합일하여 이것을 조직하는

---

7) 응현(應現). 중생 구제를 위해 여러 가지 모습으로 이 세상에 나타나는 일.—옮긴이
8) 田邊元, 「国家的存在の論理」, 『田邊元全集』 第七卷, 筑摩書房, 1963. 「국가적 존재의 논리」는 『철
　학연구』(哲學研究)의 1939년 10, 11, 12월호에 발표되었다.

국가에서 비로소 특수하면서 보편적인 구체적 매개가 절대와 상대 사이에 성립한다. 기독교 삼위일체의 정령에 해당하는 것은 바로 이와 같은 국가의 자각으로서의 국가철학이어야 한다.

필자는 이 문장을 인용함으로써 다나베 '사생'론의 내막을 밝히고 있다. '사생'론적 담론의 내막 공개는 필요한 일이기는 하지만, 인용이 꼭 이를 위한 것은 아니다. 다나베의 국가철학은 "국가에 몸을 바침으로써 신에 닿고 신과 연결된다"는 것을 자신의 언어로 말할 수 있음을 나타내기 위한 것이다. 이는 틀림없는 사이비신국주의[僞似神國主義]적 담론이다. 다나베의 국가철학은 '국가를 위해 죽는 것'을 '신(절대)과 연결되는' 실천으로 설명하는 것이다. '국가를 위해 죽는 것'의 의의에 대한 학생들의 필사적인 물음에 다나베는 자신의 국가철학으로 답하고 있다. 그것은 '신과 연결되는 실천'이라고.

4. 국가의 존재론

필자는 당위로서의 죽음이 향하는 것이 국가라는 점은 1943년 '사생'死生을 말하는 쪽이나 듣는 쪽 모두에게 자명한 것이었다고 말했다. 그러나 다나베 하지메의 철학은 이미 '국가를 위해 죽는 것'을 설명할 수 있었고, 1943년에는 오히려 '국가를 위해 죽는 것'의 결의가 '죄로 죽는 것'의 참회가 될지도 모르는 갈림길 위에 있었다. 그렇다면 다나베에게 있어서 그 때문에 죽어야 하는 것을 말할 수 있는 국가철학의 형성 및 철학하는 것이 국가의 존재론ontology을 논술하는 것이 되는 것은 언제부터인가. "국가는 가장 구체적인 존재이자 존재의 원형이다. 이른바 기초적 존재론은 국가적 존재론이어야 한다"는 것은, 1939년에 이전에 쓴 원고 '종의 논리'[9]의 부족한 부분을 보완할 목적으로 쓴 「국가적 존재의 논리」의 서두에서 언급된 말이다. '종의 논리'의 성립으로 다나베 철학은 헤겔, 하이데거, 니시다 등으로부터 독립한 다나베 철학으로서의 논리를 갖추기에 이르렀다고 평가된다.[10] 전후의 개정판 『종의 논리의 변증법』의 「서」에서 다나베는 '종의 논리'의 형성기를 회고하며 이렇게 말하고 있다.

> 나는 1934년부터 1940년에 이르는 사이에 스스로 종의 논리라 부른 변증법 논리의 연구에 따라 그것으로 국가사회의 구체적 구조를 논리적으로 구명하려고 하였다. 그 동기는 대두하고 있던 민족주의를 철학의 문제로 다루어 종래 우리를 지배해 왔던 자유주의 사상을 비판함과 동시에 단순한 민족주의에 입각한 이른바 전체주의를 부정하고, 전자의 주체인 개인과 후자의 기체가 되는 민족을 상호 부정적으로 매개함으로써 기체 즉 주체인 절대매개의 입장에서 현실과 이상의 실천적 통일로서의 국가의 이성적 근거를 발견하려고 생각한 데 있다.[11]

---

9) 「종의 논리의 세계 도식」(種の論理の世界図式)은 『철학연구』 1935년 10, 11, 12월호에 게재되었다.
10) 쓰지무라 고이치는 『다나베 하지메』의 「해설」에서 "'종의 논리'는 명실공히 엄격한 의미에서의 다나베 철학, 즉 '절대매개의 철학'의 논리이며, 이 독자적인 논리를 갖추는 데 있어 선생의 철학은 서양의 모든 철학뿐만 아니라 니시다 철학에서도 완전히 독립했다"고 말하고 있다.
11) 田邊元, 『種の論理の辨證法』, 秋田書店, 1947.

일본이 국가적 좌절을 겪은 뒤인 1946년 12월이라는 시기를 기록한 이 문장은 그 시기에 관한 회상으로서 당연히 자신을 정당화하는 수정을 포함하고 있지만, '종의 논리'의 형성 시기, 동기, 전개를 정확히 말하고 있다. 그가 국가적 좌절에도 불구하고 자신에게 있어서의 '종의 논리'의 형성에 대해 이와 같이 말하며 개정판『종의 논리의 변증법』을 발행하려고 한 것은 국가적 좌절을 '종의 논리'의 좌절로 보지 않기 때문이다. 다나베는 같은 장에서 "종의 논리를 새로운 입장에서 규정하는 것은 종의 논리의 폐기를 의미하는 것이 아니라 오히려 그 발전을 의미하는 것으로, 나에게 이 논리의 근본구조에 대해 더욱더 강한 확신을 주기에 충분했다"고 말하고 있다. 이 말은 우리에게 죄로 죽어야 하는 참회를 말하면서도 여전히 '종의 논리'를 계속 확신하는 그의 철학적 영위는 무엇인가를 묻게 한다. 그가 말하는 바와 같이 다나베 철학의 성립을 알리는 '종의 논리'는 1930년대 중반부터 1940년에 걸친 시기에 형성, 전개되어 간 국가철학적 논리이다. 이때는 일본이 민족주의를 국가적 동일성의 이데올로기로 형성하면서 세계질서의 재편을 요구하는 동아시아 제국으로서의 존재를 명확히 해간 시기이다. 바로 이러한 시기에 다나베는 민족주의를 자신의 철학 문제로 삼으려 하였다. 맑스주의와 역사 그 자체에 의해 자신의 철학적 성격을 역사철학으로 변용시켜 간 그가 민족주의를 자신의 철학 문제로 삼은 것은 그의 **성실함**에 의한 것이다. 다만 필자는 '성실함'을 인격적 평가로서 말하는 것이 아니다. 인간의 숙명적이라고 해야 할 성격을 말하는 것이다. 성실한 인간이 민족주의를 자신의 철학 문제로 받아들여 '죽어야 한다'고 학생들에게 말하는 것이다.

'종의 논리'란 민족주의를 자신의 철학 문제로 삼은 다나베가 '민족'

을 '종'으로 개념화하면서 국가를 이성적 근거를 갖는 것으로 구성해 간 철학적 논리이다.

5. '종'의 논리

민족주의를 자신의 철학 문제로 삼은 다나베의 '종의 논리'는 확실히 앞의 「서」에서 말하고 있는 바와 같이 비판적 대상을 지닌 논쟁적인 철학적 담론의 성격을 띠고 전개되었다. '종의 논리'의 철학적인 논쟁 대상이었던 것은 헤겔, 하이데거, 니시다 기타로 등이었지만, 보다 직접적으로는 시대의 이데올로기로서의 민족주의이고 근대 문명세계에서의 개인주의적 입장이었다. 이제 이것들을 비판하면서 이루어진 '종의 논리'가 어떻게 전개되는지 살펴보자.

> 민족주의의 정치적 낭만주의는 개인주의의 예술적 낭만주의와 대척적인 반대 방향에 있음에도 불구하고 다같이 무매개적인 직접주의에 의한 특수의 보편화, 상대의 절대화로서 마찬가지로 배척되어야 한다. 다만 종種적 기체基體와 개個적 주체의 부정적 매개를 통해 유類적 국가의 존재, 즉 당위적 건설이 현실의 주요 내용을 이룬다고 생각하는 입장에서만 사회의 존재와 역사의 생성이 인간행위에 매개되어 기체, 즉 주체의 전환적 합일에 의해 국가를 가장 구체적인 존재로 사유케 한다.[12]

---

12) 田邊元, 「国家的存在の論理」, 『田邊元全集』 第七卷, 筑摩書房, 1963.

여기서 언급되고 있는 "종적 기체와 개(個)적 주체의 부정적 매개를 통해 유적 국가의 존재, 즉 당위적 건설"이라는 말은 어디에 역점을 두고 읽는가에 따라 1939년의 문장이 되기도 하고 1946년의 문장이 되기도 할 것이다. 절대매개의 논리로서의 '종의 논리'는 그러한 성격을 지닌 철학적 담론이다. 다나베가 국가적 좌절에도 불구하고 '논리'의 폐기의 필요성을 느끼지 않는다고 한 것은 그런 까닭이다. 그렇지만 '종의 논리'는 '종'의 논리이다. '종의 논리'는 다나베가 시대의 민족주의를 자신의 철학 문제로 삼음으로써 구성된 논리이다. '종'은 국가의 동일한 존립 기저를 이루는 '민족'nation을 변증법적인 부정적 매개 운동의 한 계기로 재구성한 개념이다. 다나베는 일반을 대상으로 한 담론에서는 이를 '종족'이라고 말하고 있다. 개인을 속박하는 작용을 하는 공동적 폐쇄사회는 역사의 전개 과정에서 다양하게 존재할 수 있다. 그래서 폐쇄사회를 "어떤 경우라도 포괄하는 정적·추상적, 혹은 오히려 논리적인 개념으로 종족이라고 하였다"고 다나베는 일반 학생을 대상으로 한 강의에서 말하고 있다.[13] 또한 '종'은 여전히 '종족'이며, '종족'은 '민족'보다 더한층 자연적인 지반에 의한 집단 개념으로 파악되고 있다. "종족에 있어서 생명의 공동과 이를 뒷받침하는 고유한 토지는 뗄 수 없는 관계이다. 거기에 오늘날 강조되는 Blut und Boden, 즉 인종적인 피와 피의 통일이 뒷받침된 토지가 종족에게 근본적인 의미를 갖게 된다. 이러한 자연적인 지반을 무시하고 역사를 생각할 수는 없다"고 같은 강의에서 다나베는 말하고 있다. 1930년대 독일의 민족 개념이 다나베의 '종'(종족)의 개념에 확

---

13) 田邊元, 『歷史的現実』, 주석 3 참조.

실히 스며들어 있는 것이다. 이 '종'(종족)이 존립 기체가 됨으로써 국가
는 역사에서 구체적인 존재가 되고, 그 국가의 성립을 변증하는 철학적
논리도 역사적이고 현실적인 논리가 될 수 있다고 다나베는 말한다.

'종의 논리'란 '종'(종족)이라는 자연적 기체를 불가결한 성립 기반
으로 해서 이성적 근거를 지닌 국가의 성립을 이끌어 내려는 철학적 논
리이다. 종족적 국가의 이성적 성립의 논리가 절대매개의 변증법이고,
그 성립을 가능케 하는 것은 '종'과 '개'의 부정적 매개의 운동이다. 그것
은 앞의 인용에서 "종적 기체와 개個적 주체의 부정적 매개를 통해 유적
국가의 존재, 즉 당위적 건설"이라는 말로 언급되고 있다. 이를 부연하면
다음과 같은 말이 된다.

> 종種은 다른 종에 대응하기 때문에 종이고 특수한 내용을 지니며, 동시
> 에 개個는 그 생명의 근원이고 모태인 종에 속하면서 자유롭게 이와 대
> 립하고 오히려 자신을 종과 부정적으로 매개함으로써 전개상즉[14]의 유
> 類에까지 종을 높이는 것이기 때문에 필연적으로 종의 단순한 특수성을
> 넘어 특수 즉 보편의 입장에서 다른 종에 속하는 개와 함께 인류의 문화
> 적 통일에 들어간다.(「국가적 존재의 논리」)

다나베 스스로가 이렇게 부연할 때 '종의 논리'의 공소空疎한 추상적
일면이 단번에 드러나게 된다. 여기서 '종의 논리'는 철학자의 머릿속에
서 구성된 진실성이 없는 허황된 논리이다. 1939년의 민족주의적 국가

---

14) 전개상즉(全個相卽). 전체[全]는 개별[個]이고, 개별은 전체라는 의미이다.—옮긴이

일본에서 "자유롭게 이와 대립하고 오히려 자신을 종과 부정적으로 매개함으로써 전개상즉의 유에까지 종을 높일 수" 있는 개인 등이 존재하는 것은 허용되지 않는다. 가능했던 것은 국가적 전체성에 대한 개의 자기부정적 환귀還歸뿐이다. 그것은 또한 다나베의 '종의 논리'라는 철학적 담론이 '종'(종족)의 논리로서 밝히지 않을 수 없는 또 하나의 현실적 측면이기도 하다.

> 국가는 그것의 종적 기체의 계기에서 일반적으로 민족종교에서와 같은 개인의 생명의 모태인 근원성을 갖는다. 이것은 개인의 자기부정에 의해 환귀해야 할 근원으로서의 절대무의 현성인 기체 즉 주체의 매개존재여야 할 이유를 갖는 것, 오히려 계시종교에서의 그리스도에는 존재할 수 없는 특색이라 하지 않을 수 없다.

국가란 "개인의 자기부정에 의해 환귀해야 할 근원"이라는 다나베의 말은 학생들을 향해 '국가를 위해 죽는 것'의 의미로 다음과 같이 다시 반복된다.

> 국가 속에 죽기 위해 들어갈 때, 어찌 생각이나 했으랴, 이쪽의 협력이 필요해지고 이에 자유의 생명이 돌아온다. 국가가 곧 자기인 까닭이다. …… 역사에서 개인은 예컨대 이름 없는 사람일지라도 종족 속에서 죽음으로써 그것을 인류적 의미를 지닌 국가로 높이는 작용을 한다고 할 수 있다.(『역사적 현실』)

사람이 국가에 몸을 바침으로써 신과 연결되는 절대화된 입장에서 거꾸로 국가를 신의 도에 일치시키도록 행동하는 것, 즉 국가로 하여금 진실과 정의를 잃지 않게 하는 것이 우리의 본분이다.(「사생」)

다나베의 이러한 말을 학생들은 틀림없이 "국가를 위해 죽어야 하는" 이유로 받아들였을 것이다. 다나베 자신도 '종의 논리'가 그 이유를 제시할 수 있는 논리임을 확신하며 말했다. 그러나 그의 '종의 논리'가 이끈 학생들의 죽음이 과연 의미 있는 것이었을까. 그들의 무참한 죽음을 여전히 '국가가 진실'되게 하는 죽음이었다고 말한다면, 그것은 잔인한 철학의 논리이다. '종의 논리'는 일본의 국가적 좌절과 함께 무너졌다. 민족적 국가 일본의 존재론ontology인 '종의 논리'는 폐기되어야만 한다.

동양민족협화와 '국체'의 변혁
―다치바나 시라키의 「국체론 서설」

"민족관계는 '협'協이다. 사회관계는 공共이다. 동양에서는 그것이 현실이
다."―다치바나 시라키, 좌담회 「동양의 사회구성과 일중의 장래」

"멀리 천여 년 전에 발양된 팔굉일우八紘一宇의 웅대한 기상은 결코 섬나라 근
성으로 부식된 것이 아니라 오히려 그 시련을 견딘 것이 지나사변[중일전쟁]이
라는 국가의 대사에 즈음하여 찬연히 촉발된 것이라고 해석해야 하는 것 아
닌가."―다치바나 시라키, 「국체론 서설」国体論序説

1. 다치바나 시라키를 아는가

다치바나 시라키橘樸, 1881~1945는 어떤 인물인가. 쇼와 전기, 특히 15년 전
쟁의 전 과정에 걸친 일본의 이른바 '대륙정책'의 현장에 언제나 그가 있
었다. 그 현장에서 그는 어떠한 존재였는가. 다치바나는 1940년 5월에
행해진 검토회에서 "나는 원래 저널리스트 출신으로 중국 문제에 반생
을 바칠 생각으로 신해혁명 당시 베이징에 들어갔다"[1]고 말하고 있다.

그는 머지않아 중국을 근본적으로 이해하는 데는 '중국사회를 역사적으로 명확히 하는 것이 필요'하다는 것을 깨닫고 '자연발생적'으로 경제사나 경제학·사회학을 중심으로 연구하게 되었다고 한다. 『다이지린』[2]의 '다치바나 시라키' 항목에서는 그를 "저널리스트, 중국 연구가. 오이타현 大分縣 출생. 와세다대학 중퇴. 중국사회 연구의 선구자"라고 설명하고 있고, 『중국사상 연구』支那思想研究 등 주저 세 권을 들고 있다. 다치바나 스스로도 자신은 저널리스트이자 중국사회 연구자라고 말하고 있으므로, 이 사전의 설명에는 틀린 것이 없다. 그렇지만 이것만으로 중국·만주 문제를 되돌아볼 때마다 마음에 걸리는 발언자이자 문제의 현장에 있었던 다치바나 시라키라는 인물이 어떤 사람인지 알 수 있는 것은 아니다.

다케우치 요시미는 자신이 편찬한 『아시아주의』[3]에 다치바나의 문장을 싣지 않은 것에 대해 해명하고 있다. 만주사변 무렵에 쓴 다치바나의 문장 하나를 거기에 넣고 싶어 『만주평론』滿州評論을 몇 권이나 빌려 읽었지만, "다치바나 선생의 진면목이 드러난 문장을 1편만 선정하는 것은 불가능했습니다. 어떤 논문이든 완성도가 낮고 너무 유동적이었습니다. 결국 커다란 인간을 문장이 미처 포괄하지 못한 것입니다. 다치바나 선생이란 분은 큰 야심을 품고 계셨지만, 끝내 그 몇 분의 일도 표현하지 못

---

1) 「동양의 사회구성과 일중의 장래」(東洋の社会構成と日支の将来)라는 제목이 붙은, 다치바나를 중심으로 호소카와 가로쿠(細川嘉六)·히라노 요시타로(平野義太郎)·오자키 호쓰미(尾崎秀実)가 참여한 검토회가 1940년 5월 31일 도쿄 사가노(嵯峨野)에서 행해졌다. 같은 해 7월의 『중앙공론』에 게재되었다. 본고의 인용은 尾崎秀実, 『現代支那論』, 勁草書房, 1964에 수록된 것을 따르고 있다.
2) 松村明 編, 『大辞林』, 三省堂, 1988.
3) 竹内好, 『アジア主義』(現代日本思想大系 9), 筑摩書房, 1963.

한 채 끝나 버리지 않았는가 하는 느낌을 깊이 받았습니다"[4]라고 다케우치는 말하고 있다. 다케우치의 이 말을 수록한『소생하는 다치바나 시라키』의 편자는「다치바나 시라키의 일본사상사상의 위치」라는 제목을 붙이고 있는데, 다케우치는 그런 말은 한마디도 하고 있지 않다. 다치바나의 문장 자체는 배후에 있는 그의 사상의 '넓고 아득한, 끝없는 확장'을 전해 주지는 않는다고 말하고 있다. '막연하지만 한없는 확장'은 일반적으로 중국 대륙을 형용하는 말일 것이다. 다케우치는 현장 발언자·연구자로서 글자 그대로 **죽을 때까지** 중국에 관계한 다치바나를 이렇게 평하며 일본사상사에 위치시키는 것을 단념했다.

근세에서 근현대사로 시선을 전환한 이래 필자에게도 다치바나 시라키는 마음에 걸리는 인물이었다. 따라서 필자는 근대 일본의 아시아 인식에 대하여『환』還에 연재[5]를 시작한 2001년 1월 이래 그 한 장章은 다치바나에 관하여 쓸 것임을 미리 결정했었다. 이듬해 봄에 시간적 여유가 생기면서 그때까지 읽다가 중단해 온 야마모토 히데오의『다치바나 시라키』[6]를 완독했다. 이것을 다 읽으면 다치바나에 관해 무언가 쓸 수 있을 것이라고 생각했지만 정반대였다. 오히려 다치바나에 대해서는 쓸 수 없다는 것을 알았다. 야마모토는 마지막 장인「패전―최후」에 "패전

---

4) 이는 다케우치 요시미가 다치바나 시라키 추도회(橘樸追悼会, 1964년 5월 16일)에서 한 인사말이다.『소생하는 다치바나 시라키』(山本秀夫 編,『甦る橘樸』, 龍溪書舍, 1981) 수록. 편자는 이 인사말에「다치바나 시라키의 일본사상사상의 위치」(橘樸の日本思想史上の位置)라는 제목을 붙이고 있다.

5) 이 연재는『"アジア"はどう語られてきたか―近代日本のオリエンタリズム』로 엮었고, 후지와라(藤原)서점에서 2003년 4월에 간행되었다.

6) 山本秀夫,『橘樸』, 中央公論社, 1977. 다치바나의 전 생애에 걸친 중국에서의 사상적·실천적 활동을 상세히 추적한 뛰어난 저술이다.

으로의 시간이 시시각각 지나가고 있었다. 1945년 7월 26일, 다치바나는 최후의 방책을 마음속에 품고 베이징을 떠나 칭다오에 이른 뒤 바닷길을 거쳐 다롄에 당도했다"라고 쓰기 시작한다. 또한 그는 패전을 목전에 둔 마지막 방책은 "관동주에서 수십 년에 걸쳐 일본인과 중국인이 양성해 온 동아인東亞人의 친선관계만이 의지해야 할 힘이다, 그것을 거점으로 중일 공존을 도모해야 한다"는 것이라고 쓰고 있다. 필자는 이러한 방책보다도 이를 가슴에 품은 채 병든 몸을 이끌고 1945년 7월이라는 시기에 관동주청 수뇌에게 설명하려 한 다치바나에 망연자실했다. 그는 그후 8월에 소련군의 정보 등을 수집하러 하얼빈에 갔다가 신징新京(창춘)으로 돌아온 뒤 소련기의 폭격을 만나 펑톈奉天(선양)으로 피난하였고, 그곳에서 8월 18일 소련군의 진주를 목격하게 된다. 그리고 10월 25일 오후 펑톈 피난지의 임시거처에서 병사하였다. 사인은 간경변 말기로 진단되었다. 소련 진주하의 펑톈에 있던 그의 임시거처에는 밤마다 사람들이 모여 시국 전망과 일본이 대처해야 할 길에 관한 이야기를 들었다고 한다. 야마모토는 다치바나가 중공군이 머지않아 중국 전토를 제압할 것이라는 전망을 전략지도와 함께 말했던 것에 특히 깊은 인상을 받았다.

필자는 야마모토의 『다치바나 시라키』의 「최후」 장을 다 읽은 후 망연자실했다. 야마모토가 묘사하는 다치바나 시라키라는 인물을 앞에 두고 필자는 어찌할 바를 몰랐다. 미야자키 도텐[7]의 『33년의 꿈』을 읽고 난 뒤에도 마찬가지였다. 일본의 근대사는 어떻게 하여 미야자키 도텐이나

---

7) 미야자키 도텐(宮崎滔天, 1871~1922). 일본에서 쑨원 등을 지원하며 신해혁명을 뒷받침한 혁명가. 중국 혁명운동에 가담한 이야기를 담은 그의 자서전 『33년의 꿈』(三十三年の夢)은 중국어로 번역되어 혁명에 뜻을 둔 청년들이 일본에 유학하는 계기가 되었다고 한다.—옮긴이

다치바나 시라키와 같이 거의 평생 동안 중국과 관계를 맺은 인물을 낳게 된 것일까. 그들 주변에는 마찬가지로 전 생애를 중국과 관계를 맺은 수십, 수백 명의 인물들이 있었을 것이다. 그러나 미야자키 도텐이나 다치바나 시라키 같은 인물을 낳은 것은 일본의 근대이다. 동아시아에서 구미의 군사력을 수반한 압력에서 비롯된 일본의 근대국가 형성이 이러한 인물을 낳은 것일까. 미야자키나 다치바나에게서 발견되는 아시아주의 혹은 중국주의는 근대국가 형성의 원동력이었던 일본 내셔널리즘이 갖는 또 하나의 측면일까. 그러나 이들의 엄청난 행동 경력은 필자의 일본 근대사에 대한 추측을 쉽게 뛰어넘는다. 이 때문에 다치바나에 대해 논하려 할 때마다 손 쓸 수 없다는 느낌을 강하게 받는다. 필자도 다케우치처럼 다치바나에 대해 '넓고 아득한, 끝없는 확장'을 말하면서 그에 대해 논하는 것을 포기하고 싶다는 생각을 끊임없이 하지 않을 수 없다.

2. 1941년의 다치바나

필자는 우연히 다치바나의 「국체론 서설」을 실은 『중앙공론』의 일련번호를 입수했다. 그것은 1941년 7월호이다. 물론 다치바나의 논문 「국체론 서설」은 그의 저작집[8]에 수록되어 있어서 누구나 읽을 수 있지만, 필자는 이것이 발표된 시대적 분위기 속에서 읽고 싶었다. 「국체론 서설」을 실은 『중앙공론』은 '중일전쟁 제4주년 특집호'임을 강조하고 있다. 권두논문은 오자키 호쓰미의 「전기轉機를 내포한 국제정세와 동아東亜」이

---

8) 『アジア·日本の道』, 『橘樸著作集』第三卷, 勁草書房, 1966.

다. 그 오자키가 조르게사건[9]으로 검거된 것은 3개월 후인 10월이다. 필자는 『중앙공론』을 입수하여 거기에 실린 「국체론 서설」을 통해 이해하기 어려운 다치바나 시라키에 관하여 살펴보려고 했다. 이 잡지를 고서판매전에서 입수한 것은 우연이었지만 이는 필자가 수년 동안 지녀 온 이른바 '중일전쟁'[지나사변],[10] 일본 내셔널리즘, 아시아주의, 다치바나 시라키 등에 대한 관심의 결과였다. 복합적인 관심을 가진 필자가 「국체론 서설」이 게재된 잡지를 입수한 것이 우연이었다 하더라도, 필자는 이를 다치바나의 사상세계로 들어가기 위한 계기로 받아들였다.

　1941년이라는 해는 이른바 '만주사변'이 발발한 지 10년째 되는 해(1931년 9월, 류탸오후柳條湖사건)이고, '중일전쟁'이 일어난 지 4년째 되는 해(1937년 7월, 루거우차오蘆溝橋사건)이며, 영미에 선전포고한 것은 그해 12월 8일의 일이었다. 이 해 10월 14일에 『만주평론』의 주목할 만한 좌담회 「대륙정책 10년의 검토」[11]가 다치바나·오자키·호소카와 가로쿠[12] 등에 의해 열렸다. 그다음 날인 10월 15일에 앞서 밝힌 바와 같이

---

9) 일본정부 기밀 등을 소련에 넘겨준 혐의로 1941년 10월 리하르트 조르게(Richard Sorge)와 저널리스트이자 공산주의자인 오자키 호쓰미 등이 체포된 사건을 가리킨다. 이 둘은 1944년 11월 사형당했다.—옮긴이

10) 필자가 '지나사변'이라고 당시의 호칭대로 말하는 것은 '지나사변'이라는 호칭에 결부되어 있는 당시 일본인의 의식과 관념을 문제로 삼고 있기 때문이다. '만주사변'에 대해서도 마찬가지이다. 『다치바나 시라키 저작집』(勁草書房)은 이를 모두 '일화(日華)사변'으로 바꾸어 놓았다. 독자들로 하여금 당시의 대중국의식과 관념의 오독을 초래할지 모르는 이러한 호칭의 개정에 필자는 찬성하지 않는다. 따라서 여기서는 원래의 표기로 되돌려 놓았다.

11) 좌담회 「대륙정책 10년의 검토」(大陸政策十年の檢討)는 『다치바나 시라키 저작집』 제3권에 수록되어 있다.

12) 호소카와 가로쿠(細川嘉六, 1888~1962). 저널리스트이자 정치인으로 참의원 의원(일본공산당)을 지냈다.—옮긴이

오자키는 조르게사건으로 검거된다. 그리고 11월에는 만주에서 다치바나의 직계 제자 사토 다이시로佐藤大四郎·다나카 다케오田中武夫 등을 포함한 50여 명이 관동군 헌병대에 검거되는 합작사사건[13]이 발생한다. 1941년이라는 역사적·사회적 대전환기에 다치바나는 전력을 다해 집필활동을 시작한다. 야마모토가 작성한 다치바나 연보를 보면, 그는 "이 해부터 『흥아』興亜, 『대륙』大陸, 『중앙공론』, 『개조』改造, 『동아연맹』東亜連盟과 기타잡지에 다채로운 집필활동을 시작한다. 또한 그는 다수의 좌담회 등을 통해 당시 저널리즘의 스타가 된 감이 있다"[14]고 기록하고 있다. 이렇듯 저널리즘의 스타로 부상한 다치바나가 1941년에 쓴 대표적인 논설이 바로「국체론 서설」이다.

그렇지만 1941년이라는 역사적 상황이나 다치바나의 주변 상황을 미루어 볼 때 이 시기 그의 언론적인 앙양昂揚은 이상해 보인다. 2년 전인 1939년에 다치바나는 심신이 피로하여 일본으로 귀국, 신주쿠의 고라 흥생원高良興生院에 입원해 있었다. 그는 이때 친구에게 보낸 편지에서 "중일전쟁이라는 흉악한 현상이 돌발하여 정신적 타격을 입었다"고 말하며, 몇 년 전부터 지속된 '동맥경화 및 뇌신경 피폐'증을 치료하기 위해 도쿄로 이전하기로 결심했다고 썼다.[15] '중일전쟁'이 발발한 1937년부터 1939년에 이르는 시기에 다치바나의 심신은 최악의 상태였을 것이

---

13) 합작사(合作社)사건. 1941년 11월에 일어난 만철조사부(満鉄調査部) 내의 좌익운동 관계자 약 50명을 검거한 사건으로 1942년과 1943년에 일어나는 이른바 만철조사부사건의 계기가 되었다.—옮긴이
14) 山本秀夫 編,『甦る橘樸』, 龍溪書舍, 1981.
15) 1939년 나카노 고칸(中野江漢)에게 보낸 서간. 山本秀夫,『橘樸』에서 인용.

다. 그는 그런 상태에서도 현지를 시찰하고 '중일전쟁 수습을 위한 조건'을 생각했으며, 수습을 위한 공작을 내용으로 하는 논설을 발표하기도 했다. 그러나 입원을 포함한 도쿄에서의 생활이 다치바나에게 어떤 변화를 준 듯하다. 그는 고라홍생원에서 신경증 치료를 받았던 듯한데, 원장이 행동주의적 입장을 자임하는 다치바나의 말에 "외부세계[外界]를 자신의 관념에 맞출 것이 아니라 외부세계의 변화에 맞춰 스스로 유전流轉하는 데서 적극적인 활동과 자유가 생긴다"고 비평한 것을 기록한 바 있다.[16] 퇴원 후 다치바나는 오하라 유가쿠[17]의 유적을 방문하여 사회개혁과 농촌진흥의 선각자 유가쿠를 재발견하였다. 그러나 무엇보다도 그후의 언론활동에 영향을 준 것은 쇼와연구회[18] 참가였을 것이다.

다치바나는 1940년 봄부터 쇼와연구회에 참가하게 되었다. 쇼와연구회 내부에는 중국문제연구회가 있었는데, 이것이 동아정치연구회로 바뀌고, 더욱이 그 안에 민족문제연구위원회가 설치되면서 그가 참가하게 된 것이다. 이 위원회는 다치바나 외에 오카자키 사부로,[19] 오자키 호쓰미, 다이라 데이조,[20] 하라구치 겐조原口健三, 호소카와 가로쿠 등 8명으로 구성되어 있었다. 다치바나가 건강을 회복한 뒤 최초로 몰두한 것이 이 위원회의 보고서 「한민족漢民族─한민족의 성격과 그 중대 문제 해설」

---

16) 橘樸,「興生日記抄」; 山本秀夫,『橘樸』에서 인용.
17) 오하라 유가쿠(大原幽学, 1797~1858). 에도시대의 농정학자이자 농민지도자. 1838년 센조카부조합(先祖株組合)이라는 세계 최초의 농업협동조합을 창설했다.─옮긴이
18) 쇼와연구회(昭和研究会). 1933~40년 사이에 존속한 고노에 후미마로(近衛史鷹)의 정책연구단체.─옮긴이
19) 오카자키 사부로(岡崎三郎, 1907~1990). 경제학자.─옮긴이
20) 다이라 데이조(平貞蔵, 1894~1978). 사상가.─옮긴이

이었다. 다치바나는 쇼와연구회 참가를 통해서 오자키, 호소카와 등과 교류하였고, 그들에 의해 중국사회와 민족 문제의 정통자로서 언론계에 알려지면서 저널리즘의 스타로서 활약하게 된다. 그러나 쇼와연구회 참가는 그의 저널리즘으로의 등장을 촉진했을 뿐만 아니라, 그의 언론활동의 성격을 확실히 한 것이었다. 그것은 바로 근대 일본의 국책인 대륙정책의 이른바 **개혁적 동행자** 담론이라는 성격이다. 즉 근대 일본의 기본 국가전략인 대륙정책을 전제로 한 개혁 논의 전개라는 성격을 띠는 것이다.

국책연구단체인 쇼와연구회 참가로 인해 다치바나의 담론은 국책과 강하게 연관되었다. 물론 필자는 근대 일본의 학자·지식인의 '중국·만주·조선'에 대한 연구든 조사든 평론이든 관련된 모든 것은 제국 일본의 대륙정책과 불가분의 관계에 있었다고 생각하고 있다. 그들이 맑스주의 계열의 사회과학자인지, 순수한 사회학적 농촌조사자인지는 중요하지 않다. 초기 다치바나의 중국사회에 대한 연구 관심 역시 당사자의 자각 여부와 관계없이 제국 일본의 대륙정책과 불가분한 것이었다. 일반적으로 근대 일본의 아시아주의와 중국주의도 대륙을 향한 일본의 국가전략을 전제로 하고 있다. 대륙정책을 가진 일본의 국가의식이 없었다면, 일본인의 아시아주의와 중국주의도 존재하지 않았을 것이다. 국책연구단체인 쇼와연구회 참가는 다치바나가 이러한 관계를 자각하도록 했고, 자신의 중국사회론, 동양민족론을 일본국가의 대륙정책과 현실적으로 연관 지어 전개할 수 있는 기회를 부여했다. 그의 주변을 압박하는 언론폐색 상황에도 불구하고 1941년에 다치바나가 보여 준 언론적인 앙양의 이유는 여기에 있다. 「국체론 서설」은 이렇게 작성되어 『중앙공론』7월호에 게재되었다.

3. 「국체론 서설」의 위상

국체론적 파시스트의 담론으로 착각할 만한 '평이한 사상과 말에 의한 명징운동 제창'이라는 부제를 가진 다치바나의 「국체론 서설」은 1941년 7월의 '중일전쟁 제4주년 특집호'를 내건 『중앙공론』에 게재되었다. 이미 지적한 바와 같이 이 호의 권두논문은 오자키 호쓰미의 「전기를 내포한 국제정세와 동아」였다. 오자키는 유럽대전이 이미 세계질서의 재편을 가져올 만한 세계대전으로 전개되고 있는 정세에 비추어, 동아 신질서의 창설을 내걸고 중국 대륙에서 싸우는 일본이 이 전쟁을 세계전략의 일환으로 인식하고 수행해야 한다는 점을 설명하였다. 오자키는 "이번의 유럽대전이 갖는 근본적인 과제는 세계 신질서 창건이며, 그것은 당연히 영미 제국주의의 세계 지배체제를 청산할 수 있느냐 없느냐의 문제이다"라고 말하고 있다. 이어서 "그리고 세계 신질서의 일환이어야 할 동아 신질서 건설은 동아 민족의 자주와 독립을 조건으로 하고 있다"고 말한다. 이와 같은 말은 오자키의 국제정세 분석과 세계전략을 단적으로 나타내는 것이다. 그런데 오자키는 그 해 10월 14일 검거되기 전날 열린 좌담회에서 "내가 몇 번이나 반복해서 말하는 것 같은데, 만주사변에서 일본인은 강한 정신력[氣力]을 갖고 싸웠다. 그러므로 제2차 세계대전을 끝까지 치러 낼 강한 정신력이 없다는 것은 거짓이라고 생각한다"[21] 고 말하고 있다. 오자키의 이 말과 앞의 정세 분석은 표리관계에 있을 것이다.

---

21) 座談会「大陸政策十年の檢討」.

다치바나의 「국체론 서설」과 오자키의 발언을 연관 지어 보는 것은 이 시기 국책의 개혁적 동행자들이 설파한 담론의 위상을 알기 위해서이다. 위에서 엿본 오자키의 국제정세 인식과 거기에서 도출되는 세계전략은 각각 뉘앙스의 차이는 있지만 쇼와연구회에 속한 국책의 개혁적 동행자들에게 공유되고 있었을 것이다. 그들은 '만주사변', '중일전쟁'을 자기 담론의 적극적인 전제로 삼아 말한다. 오자키가 "제2차 세계대전을 치른다"고 발언한 좌담회 서두에서 스즈키 고헤에鈴木小兵衛[22]가 "일본을 중심으로 한 이른바 흥아興亞운동의 발전 과정, 즉 만주사변, 중일전쟁, 최근의 사변이 발전하여 소위 하나의 운동으로서 흥아의 정치력의 발전 과정을 거쳐 왔다고 생각합니다만, 운운" 하며 총괄하고 있는 바와 같이, 이들은 일본의 국책인 대륙정책의 수행 과정을 아시아의 민족주의적 신체제를 창설하는 운동, 즉 '흥아운동' 과정으로 파악하였다. 「국체론 서설」은 이러한 국책의 개혁적 동행자 중 한 명인 다치바나의 담론인 것이다.

다치바나는 「국체론 서설」에 앞서 같은 해 5월에 「민족적 성격의 개조」라는 논설을 잡지 『대륙』大陸에 발표하였다. 다치바나는 이 글에서 "지나사변[중일전쟁]을 잘 활용[善用]한다면, 그것은 아마도 섬나라 근성에 최후의 일격을 가할 수 있으리라 생각한다"[23]고 말하고 있다. 다치바나 등에게 '중일전쟁'은 동아시아 세계의 민족주의적 변혁과 이를 이끌어야 하는 일본의 국가개조를 위한 절호의 기회로 여겨졌다. 동아 신질서의 확립은 일본인의 민족적 자기개조를 포함한 국가개조의 성패와 관련

---

22) 만주국협화회(滿州国協和会) 소속으로 합작사사건 당시 검거된 바 있다.―옮긴이
23) 橘樸, 「民族的性格の改造」, 『橘樸著作集』 第三巻, 勁草書房, 1966. 다만 이 저작집에 '일화사변'이라 되어 있는 것을 원문인 '지나사변'으로 되돌려 놓았다.

되어 있다고 다치바나 등은 말한다. 그런데 동아 신질서를 향한 영미 제
국주의와의 항쟁적 세계변혁이 일본의 자본주의적 국가체제의 국내적
변혁과 연동된다는 인식, 혹은 오히려 후자의 변혁 없이는 전자의 변혁
도 없다는 인식은 오자키 등 개혁적 동행자들이 공유하는 바였다. 더욱
이 이러한 인식은 쇼와연구회의 개혁적 동행자들만 공유한 것은 아니었
다. 이는 이 시기 일본의 맑스주의자로부터 국가사회주의자, 전체주의적
논자에 이르기까지 기존의 유럽적 세계질서의 변혁을 주장하는 자들이
많든 적든 가지고 있던 인식이었다. 다치바나는 1941년 일본의 이러한
담론 배치 속에 기타 잇키[24]의 영향을 받은 듯한 국가개조론, 즉 「국체론
서설」을 발표한다. 그러나 다치바나 자신이 국가변혁을 '쇼와유신'이라
고 부르는 한,[25] 그의 「국체론 서설」은 기타 잇키의 '국체론'(『국체론과 순
정사회주의』国体論及び純正社会主義)의 모방적 재생이라기보다는 오히려 정통
적인 혹은 급진적인 계승이라고 해야 할 것이다.

4. '국체' 개혁의 세 법칙

다치바나는 '국체' 개념을 민족주의적으로 재구성하여 "일본민족이 하

---

24) 기타 잇키(北一輝, 1883~1937). 초국가주의 사상가로, 1936년 2월 26일 천황 친정 등을 명분
   으로 일본 육군의 황도파 청년장교 1483명이 쿠데타를 일으킨 2·26사건에 관여한 죄목으
   로 처형당했다.—옮긴이
25) 다치바나는 「국체론 서설」에서 이렇게 말하고 있다. "그리하여 1300년 전에 다이카개신(大
   化改新)을 출발점으로 하여 동양문화 통합의 빛나는 여정에 올랐던 것처럼, 일본은 지금 곧
   자본주의를 지양하는 쇼와유신을 감행함으로써 세계문화 창조라는 한층 더 빛나는 여정을
   시작하려 하고 있는 것이 아닐까."(『中央公論』, 1941年 7月号)

나의 독립한 민족으로서 생존하기 위한 기본적 구조 및 거기서 필연적으로 스며들어 체계화된 기본 사상"이라고 해석한다. 그는 "모든 민족에게는 그 생존의 기조를 이루는 조직과 사상이 필요하다"고 말하면서, 그것이 중국에서는 왕도王道이며 인도에서는 무아無我사상인 것처럼 일본에서는 '국체'라고 말한다. 더욱이 '국체'를 '일군만민'적인 천황 통치의 집단 조직과 그 사상이라고 부연하면서, '국체', 곧 천황통치적 민족 집단의 조직과 사상에는 세 가지의 발전 법칙이 있다고 말한다.

1. 민족조직의 단순성(일군만민)을 완성하는 경향. 이 경향을 초계급 유지성의 법칙이라 하자.

2. 전체와 개체, 곧 통제와 자유의 조화 법칙. …… 다만 서양이 개인주의와 사회주의를 막론하고 개체를 기축으로 하는 데 비해 동양은 일본과 대륙 여러 민족을 통해 전체를 주조로 한다는 점에서 여전히 서로 합치할 수 없는 간극이 있다.

3. 이민족과의 관계를 규정하는 것으로서 잠정적으로 민족협화, 또는 통칭에 따라 팔굉일우의 법칙이라고 해두자. 서양이 대립을 원칙으로 한다면 동양은 융합을 원칙으로 한다. 만주 건국의 표어인 '민족협화'의 당사자가 기도한 바는 전적으로 이 원칙의 실현에 있었다.

첫째는 초계급적인 성격을 갖는 민족조직 유지 법칙, 국체론적 용어로 말하면 '일군만민'의 법칙이다. 둘째는 민족에서의 전체성 우위의 공동체적인 집단 형성의 법칙. 셋째는 이민족과의 협화 법칙, 국체론적 용어로 '팔굉일우'의 법칙이다. 다치바나는 이 삼자를 '국체' 발전의 기본 법칙 내지 궤도라고 말한다. 다이카개신[26]에서 메이지유신에 이르는 '국체'의 변혁사로부터 도출한 이 세 법칙은 당시 직면한 '쇼와유신'이라는 세계사적 의의를 가진 '국체' 변혁을 위한 것이기도 하다. 그런 의미에서 이 세 법칙은 이념적인 목표를 갖고 전략적으로 도출된 것이다. 더욱이 이를 설명하는 다치바나의 언사에서 분명히 나타나듯이, 이 세 법칙에 일관된 것은 유럽의 자본주의적 격차와 대립을 지닌 계급사회, 개인주의적 원리로 이루어진 이익집단적 사회(집합사회)의 비판적 초극을 지향하는 것이었다. 쇼와 10년대 일본의 시대사조라 할 만한 '근대의 초극'론이 다치바나의 '국체' 변혁의 세 법칙에서도 나타나고 있는 것이다.

그런데 이 세 법칙은 일국적 일본의 '일군만민'적 민족 원칙인 제1법칙과 다민족 간의 공존적 협화를 말하는 제3법칙이라는, 간단히 조화하기 어려운 두 가지 법칙을 포함하고 있다. 다치바나는 제3법칙을 가리켜 '팔굉일우'의 법칙이라고 부르지만, 당시의 국체론적 표어 '팔굉일우'는 제국 일본의 지배적 지도 아래 비로소 성립하는 여러 동양민족의 협화적 세계의 존재양태를 의미하는 것이었다. 제1법칙인 '일군만민'적 일본 국체의 우월성 아래 제3법칙인 '팔굉일우'적 동양세계가 존재하는 것으로 여겨진다. 그러나 다치바나가 말하는 세 법칙은 조화를 이루기 어려운 두 법칙을 동시에 성립시키려고 한 것이다. 일본의 국가적 변혁이 동시에 민족협화적 동양의 성립이라는 개혁적 궤도를 나타낸다는 것이 그가 설명하는 '국체' 변혁의 세 법칙이다. 그리고 제1법칙과 제3법칙의 양립

---

26) 다이카개신(大化改新). 7세기 중엽에 중국의 율령제(律令制)를 본떠 천황을 정점으로 한 중앙집권적 정치체제를 구축하기 위하여 이루어진 일본의 정치개혁을 가리킨다.—옮긴이

을 가능케 하는 것이 제2법칙, 즉 동양적 사회의 법칙 혹은 동양적 공동 사회의 공통성에 관한 법칙이다.

5. 동양사회의 재구성

일본사회를 기본적으로 공동체(게마인샤프트Gemeinschaft)적인 집단형성의 원리로 분석했던 다치바나의 말을 인용해 보자. 다음은 그가 「동양의 사회구성과 일중의 장래」[27]라는 검토회에서 한 발언이다.

> 만주사변 발생 이후 그와 관련하여 일본에 잇달아 출현하고 있는 정치 현상, 사상을 가만히 살펴보면, 역시 내가 중국에서 여러 해 동안 부딪히며 고민했던 것과 같은 것, 즉 공동체성이 일본 민족조직의 수십 년간의 집합화 경향에서 벗어나 출현한 것 같은 느낌이다. 나는 이것이 구체적으로는 중국과 아주 다른 것 같지만 본질적으로는 전적으로 같은 것이라고 단정해 왔다. 따라서 동양사회의 본질은 공동체라고 생각하며, 이에 비해 서양사회의 기초적인 사회연대는 집합체라는 결론에 마침내 도달했다.

필자가 앞서 '일본민족' 개념의 성립에 대한 장(「해독 6」)에서 명확히 한 바와 같이, 쇼와 초기는 이 개념의 성립기라고 할 수 있다. 일본정

---

27) 이 검토회에 대해서는 이 장의 주석 1번을 참조. 다치바나 발언의 인용 역시 尾崎秀実, 『現代支那論』(勁草書房, 1964)에 수록된 것을 따르고 있다.

신론적인 담론은 이 개념의 성립과 함께 전개되어 간다. 또한, '민족'을 문화공동체 개념으로 재구성해 가는 작업 역시 와쓰지 데쓰로 등에 의해 시작되었다는 점도 앞서 지적하였다. 다치바나가 동양사회를 공동체(게마인샤프트) 개념으로 재구성하기에 이른 것도 쇼와 초기의 같은 사상사적 과정에서이다. 그러나 둘 사이에 차이점이 있다면, 다치바나는 일본의 '대륙정책' 수행이라는 정치과정, 즉 '만주사변'에서 '중일전쟁'으로의 과정에 현장 언론인으로서 깊이 관여하고 있었다는 점이다. 그 과정에서 직면한 중국의 민족주의는 다치바나로 하여금 동양사회의 민족주의적 재구성을 서두르게 하였다. 그는 중국사회와 민중을 오랫동안 규정해 온 향가鄉家의식이 새로운 민족주의를 만남으로써 근대적 민족의식으로 성숙할 가능성이 나타났다고 말한다.[28] 이는 쑨원孫文의 민족주의에 대한 재평가로도 표현된다. "쑨원의 소위 민족은 게마인샤프트인 동양적 민족이며, 자신의 힘으로 이와 같은 의미의 민족국가를 건설하려는 것이 바로 그의 민족주의이다."[29]

'대륙정책'의 10년을 검토하는 좌담회의 마지막에서 다치바나는 거의 노호怒號하듯이 말하고 있다. "그러므로 일본의 개조도 쑨원처럼 민족 전체의 구석구석을 민족주의화해 버리듯이 중국의 통치를 허용하는 것,

---

28) 다치바나는 중국 농민의 향가의식과 근대적 민족주의는 "장기적으로 당연히 합치하여 중국의 민족주의 사상, 근대적 민족의식으로 성숙할 것이라고 생각해도 되지 않을까 한다" 하고 하세가와 뇨제칸(長谷川如是閑)과의 대담에서 말하고 있다(「東洋に於ける民族と思想」, 『中央公論』 1941年 3月号; 『橘樸著作集』 第三卷).

29) 「鄉土社会論」, 『橘樸著作集』 第三卷. 이 논문은 1944년 5월 대륙신보사(大陸新報社)가 간행한 『중국건설론』(支那建設論)에 게재된 것이다.

그리고 그것을 허용할 수 있을 정도의 일본이 되어야 한다"고 말이다. 그렇다면 중국, 조선, 대만, 나아가 국내 소수민족의 자립성을 허용하고 이를 지도할 수 있는 일본국가란 어떠한 국가인가. 다치바나의 좌담회 발언을 통해 그 국가상을 살펴보자.

> "요컨대 일본의 국가성격을 민족지도에 적합하도록 바꿀 수 있다면, 광대한 전쟁의 희생도 아깝지 않다고 생각한다."
> "그것이 공동체로서의 국체조직, 특수한 민족조직을 가진 전형적인 공동체의 모습이라고 생각한다. 그리고 이는 아직 동요할지도 모른다고 생각한다. 생활 보증 문제라든가, 노동자든 주부층이든 광범위한 대중 가운데서 점점 뭔가 문제가 생기는 것은 아닐까 생각되지만, 그러한 것에 대해 천황 중심 피라미드형의 공동사회는 바닥을 알 수 없는 소극적인 강점이 있고, 이 강점이 일본 농가의 뒷문에까지 고루 미치고 있다고 생각한다."[30]

'국체' 발전의 제3법칙인 민족협화의 법칙을 가능케 한 제1법칙이 지칭하는 '일군만민'적 민족조직은 피라미드형의 천황 중심의 공동체적 민족국가조직으로 제시된다. 더욱이 다치바나는 천황 중심의 공동체적 민족국가조직의 모범적 형태가 군인칙유에 나타난 '통수권 집행의 국방군 조직'에 있다고 말하며 "이 조직이야말로 훌륭한 공동체일 것이라고 생각한다"고 이 좌담회에서 발언하고 있다.

---

30) 座談会, 「東洋の社会構成と日支の將來」.

여러 동양민족의 자립을 돕고 민족협화의 동양을 실현하는 일본이란 '대륙정책'을 전개하고 '중일전쟁'을 수행하는 일본이다. 다치바나의 동양민족협화 담론도 이러한 일본, 즉 '중일전쟁'을 수행하는 일본에서 벗어나지 않는다. 또한, 다치바나도 오자키도 일본은 끝까지 싸워야 한다고 말한다. 전쟁의 승리로 다치바나가 묘사한 것은 동양민족협화의 '왕도'적 세계일 것이다. 그러나 전쟁을 수행할 수 있는 일본이란 '통수권 집행의 국방군 조직'을 갖는 피라미드형의 천황 중심의 공동체적 민족국가조직이어야만 했다. 「국체론 서설」이 설명하는 것은 그러한 '국체' 변혁의 길이다. 민족협화의 동양상을 추구하는 다치바나가 그 상관항으로서 묘사한 것은 '일군만민'적 공동사회(게마인샤프트)의 일본상이었다.

후기

이 책은 '어소시에21' 학술사상강좌 '일본 내셔널리즘 해독'의 10회 강의로 이루어져 있다. 필자가 2005년 11월 이 강좌를 시작했을 때 10회 강의에 대한 확실한 전망을 갖고 있었던 것은 아니며, 처음에는 근대 일본의 '네이션' 개념의 형성에 대해 '지知의 고고학考古學' 방법으로 추적해 보려는 정도의 의도밖에 갖고 있지 않았다. 확실히 필자는 강좌 이전에 이미 모토오리 노리나가의 고학古學에서 '야마토고토바'라는 언어적 동일성을 갖춘 '일본'의 발견 양태를 찾아냈으며(『本居宣長』, 岩波現代文庫, 2001), 후기 미토학의 아이자와 세이시사이 등이 근대 일본을 위하여 제사적 국가의 이념을 이미 준비하고 있었다는 점을 지적한 바 있다(『国家と祭祀』, 靑土社, 2004). 또한 후쿠자와 유키치의 문명론이 절대무비의 '국체'론이나 도덕주의적 국가론과 얼마나 격렬하게 대립하는 것인가를 『문명론개략』에서 읽어 냈다(『福澤諭吉'文明論之槪略'精讀』, 岩波現代文庫, 2005). 따라서 이 강좌의 앞부분 5회(「해독 1~5」)는 이미 준비가 되어 있었다고 할 수 있다. 그러나 그후에 대해서는 막연한 계획밖에 없었다.

이 강좌를 막 시작했을 무렵, 필자는 마침 카탈루냐의 민족학 잡지

*Revista d'Etnologia de Catalunya*에서 '컬추럴 내셔널리즘과 일본인론'을 테마로 한 특집호의 집필을 의뢰받고 「'일본민족' 개념의 성립」에 관한 논문을 쓰기로 약속하였다. 그 논문을 2006년 3월까지 완성하여 보냈는데, 이 논문의 집필을 통해 이 책의 뒷부분에 대한 전망을 얻어 뒷부분의 서론(「해독 6」)을 구성하였다. 그리고 '민족'과 '일본민족' 개념의 성립을 조사해 가는 가운데 '네이션' 개념에 대응하는 충분한 의의를 갖춘 개념들이 쇼와 초기에 이르러 성립했다는 것을 알게 되었다.

쇼와 초기는 메이지의 국가형성기 내셔널리즘과는 다른 또 하나의, 혹은 '일본 내셔널리즘'이라고 부를 만한 내셔널리즘의 성립기라고 할 수 있다. 쇼와의 제국 일본 내셔널리즘은 '일본민족' 개념을 구성하고 자신의 민족적·문화적·정신적 동일성에 대한 고찰을 이끌어 냈다. 일본사상사나 일본정신사 같은 학술적 담론의 성립과 '일본민족' 개념의 성립은 같은 시기의 일이다. 이에 대한 인식을 통해 필자는 쇼와의 담론에 대한 관점을 가질 수 있었다. 1945년에 이르는 쇼와 전기에 전개된 것은 철학이나 윤리학이라는 내셔널리즘, 문학이나 미학이라는 내셔널리즘, 역사학이나 사회과학이라는 내셔널리즘이었던 것이다. '일본 내셔널리즘 해독'은 이에 관한 해독이어야만 한다. 그리하여 뒷부분의 해독 작업이 시작되었다.

'일본 내셔널리즘 해독'은 일본 내셔널리즘이라는 이데올로기의 추적이 아니다. 쇼와의 학술적·평론적 담론이 제국 일본의 쇼와라는 역사적 흔적으로서 어떻게 성립하는가에 관한 해독이다. 다만 여기서 수행한 해독 작업은 극히 일부의 대표적 사례에 지나지 않는다. 그러나 이를 통해 필자는 쇼와의 사상적 담론에 대한 새로운 분석 관점과 한층 더 높아진 해독 의욕을 갖게 되었으며, '근대의 초극'론으로서 쇼와 담론에 대한 새로운 해독 작업을 시작할 수 있었다.

마지막으로, 도쿄 스이도바시에 위치한 어소시에21의 좁은 홀을 가득 메우고 필자의 해독 작업에 함께해 주신 강좌 참가자 여러분에게 진심으로 감사드린다. 필자와 같은 연령대의 분들부터 대학원생들에 이르기까지 직업과 사고방식이 다양한 사람들이 모인 이 강좌는 대학의 강의실과는 매우 다른 분위기로 필자에게 긴장감을 주었다. 매회 필자는 원고를 만들어 강좌에 임하였으며, 이 책의 대부분은 이 원고로 이루어진 것이다.

출판할 수 있기를 바랐던 출판사에서 저서를 출판할 수 있었던 것은 필자에게 더없는 행복이다. 하쿠타쿠샤白澤社의 요시다 도모코吉田朋子, 사카모토 노부히로坂本信弘 두 분에게 감사드린다.

2007년 1월 5일

고야스 노부쿠니

옮긴이 후기

이 책은 고야스 노부쿠니子安宣邦 교수의 『日本ナショナリズムの解読』(白 澤社, 2007)을 완역한 것이다. 저자도 밝히고 있는 바와 같이, 이 책은 2005년부터 시작된 10회에 걸친 학술사상강좌의 내용을 정리한 것이 다. 이 책은 주로 모토오리 노리나가, 아이자와 세이시사이, 후쿠자와 유 키치, 와쓰지 데쓰로, 다나베 하지메, 다치바나 시라키 등의 사상을 검토 하고 있는데, 우리에게는 이미 낯익은 사람(의 사상)도 있지만 아직 널리 알려지지 않은 사람(의 사상)도 포함하고 있다. 따라서 독자들은 이 책을 통해 일본 내셔널리즘의 사상 내용을 확인하거나 혹은 발견하면서 읽을 수 있을 것이다.

이 책은 메이지시대와 쇼와시대 전반기(쇼와 파시즘기)의 일본 내 셔널리즘을 지知의 고고학 방법으로 살피고 있다. 사상으로서의 내셔널 리즘을 사상가의 담론을 중심으로 읽는 것(해독)을 목적으로 하기 때문에 사상 내용에 대한 해체적 분석을 시도하고 있지는 않다. 따라서 일본 내셔 널리즘에 대해 우리가 익히 알고 있는 다양한 학자의 분석, 설명, 문헌 등 의 인용은 거의 찾아볼 수 없다. 일본 내셔널리즘을 해독하는 것은 그것으로 충분할지도 모른다. 그러나 일본 내셔널리즘 해독서인 이 책을 읽는 우리는 이미 나와 있는 관련 문헌을 참조하면서 읽을 때 이 책이 갖는 해독의 가치를 제대로 음미할 수 있을 것이다.

또한 이 책이 일본 내셔널리즘의 사상적 계보관계를 밝히는 데 초점을 두고 있는 것이 아니기 때문에, 독자들은 목차상의 순서대로 읽을 필요 없이 필요한 부분을 선택하여 읽을 수도 있을 것이다. 그러나 일본 내셔널리즘의 사정射程이 포괄하고 있는 시기별 특징이 무엇이며, 그것이 왜, 어떠한 방향과 내용으로 변화되어 갔는가에 대한 복안複眼적인 이해가 독자에게 남겨진 과제일 것이다. 그리고 이러한 과제에 답해 가는 우리의 노력은 필경 현대 일본 내셔널리즘 이해에 깊이를 더해 줄 것이다. 이 번역서가 독자들의 한층 더 깊은 일본 내셔널리즘 이해를 위한 밑그림이 되기를 희망한다.

이 책을 번역하면서 독자들의 편의를 위하여 필요하다고 생각되는 등장인물, 사건, 사실史實 등에는 옮긴이주를 덧붙였다. 이 책이 나오는 과정에서 많은 시간을 내어 문장을 교열해 준 경희대학교 대학원 정치학과 석사과정의 임두리 양, 이한나 양, 연세대학교 국제대학원 석사과정의 이희경 양 등에게 진심으로 감사한 마음을 전하고자 한다. 이들의 도움을 통해 번역의 어려움은 사실 우리말의 어려움이라는 점을 새삼 깨달으며 반성하게 되었음을 밝힌다. 또한 이 책의 번역을 허락해 주신 고야스 노부쿠니 교수와 번역서의 출판을 허락해 주신 그린비 출판사와 편집자 박순기 씨에게도 감사한 마음을 전한다.

2011년 10월

옮긴이 송석원

찾아보기